오프라인 매장 이대로 죽을 순 없다

오프라인 매장 이대로 죽을 순 없다

초판발행 2013년 10월 10일
초판 6쇄 2020년 2월 10일

지은이 김숙희
펴낸이 채종준
기 획 권성용
편 집 한지은
디자인 홍은표
마케팅 송대호

펴낸곳 한국학술정보(주)
주소 경기도 파주시 회동길 230 (문발동 513-5).
전화 031) 908-3181(대표)
팩스 031) 908-3189
홈페이지 http://ebook.kstudy.com
E-mail 출판사업부 publish@kstudy.com
등록 제일산-115호(2000. 6. 19)

ISBN 978-89-268-5272-9 13320

이담 Books 는 한국학술정보(주)의 지식실용서 브랜드입니다.

오프라인 매장 이대로 죽을 순 없다

김숙희 지음

온라인 쇼핑시대에 대항하는 **오프라인 매장의 반격!**

Prologue

오프라인 매장이 죽어가고 있다

대형 음반 유통회사 타워레코드와 HMV, 미국 최대 비디오 대여 프랜차이즈 블록버스터, 미국 대형 서점 보더스, 디지털카메라 전문점 제숍스, 그리고 국내 종로서적과 용산 전자상가……. 이들의 공통점은 무엇일까?

이들은 변화하는 시대 흐름에 적응하지 못하고 온라인 유통업자들의 맹공에 추격당하여 시장점유율을 뺏기고 결국 도산하고 만 매장들이다.

베인 앤 컴퍼니BAIN & COMPANY의 분석 내용에 따르면, 한 카테고리에서 온라인 경쟁업체의 세일즈 점유율이 15~20%까지 도달하면 결국 오프라인 매장은 문을 닫고, 브랜드가 도산하는 결과가 초래된다고 한다. 그 예로, 도서 시장에서의 온라인 매출 점유율이 24%에 도달하자 세계적인 프랜차이즈 서점 보더스가 도산하였고, 비디오 시장에서의 온라인 매출 점유율이 17%에 이르자 미국 최대의 비디오 대여 체인 스토어 블록버스터가 초라하게 무너지고 말았다. 뿐만 아니라 PC 시장에서의 온라인 매출 점유율이 54%를 차지하면서 베스트 바이Best Buy에 이어 미국 내 두 번째로 큰 전자제품 유통업체 서킷시티Circuit City도 처참히 무너져 역사의 뒤안길로 사라졌다.[1]

디지털 유통업자들의 출현으로, 고객들은 전자상가에서 전자기기를 테스트해 보고 온라인에서 최저가를 검색해 구매하였고, 오프라인 서점에서 관심 있는 책

---

1 Darrell Rigby, Kris Miller, Josh Chernoff, Suzanne Tager. "Special edition Omnichannel retailing". p.9, 2011 Retail Holiday Newsletter #3. BAIN & COMPANY. 2011.11.22.

들을 열람해보고 정작 온라인 서점에서 책을 주문하는 사람들이 늘어나게 된 것이다. 오프라인 매장들이 온라인 쇼핑몰에서 판매되는 제품을 실제로 접해보고 테스트해보는 쇼룸showroom으로 전락하면서 결국 매장이 문을 닫게 되는 극단적 상황까지 가게 된 것이다.

오프라인 매장은 '쇼룸'?

대한상공회의소가 2012년 8월 실시한 설문조사[2] 결과, 온라인과 오프라인을 동시에 이용하는 이른바 '크로스오버 쇼핑cross-over shopping' 경험이 있는 소비자는 전체 응답자의 43.2%에 달했다. 더욱이 '온라인으로 비교 후 오프라인 매장에서 구매한다'는 답변(41%)보다 '오프라인 매장에서 상품 비교 후 온라인으로 구매한다'는 응답(53.7%)이 더 많아 오프라인 리테일러들에게 경종을 울린다.

온라인 쇼핑, 스마트폰 · 태블릿과 같은 모바일 기기, SNS의 등장은 소비자들의 제품 구매 패턴을 변화시켰고 리테일 생태계에 핵폭탄급 충격으로 작용하였다. 이제 소비자들은 언제 어디서든 스마트폰으로 제품을 검색하거나 결제할 수 있다. 이 같은 문명의 이기는 어떻게 활용하느냐에 따라 전통 오프라인 리테일러들에게 적군이 될 수도, 아군이 될 수도 있다. 적군에 의해 힘없이 주저앉은 전통

<hr>

2 대한상공회의소. 유통서비스팀. "온 · 오프라인 쇼핑 융합에 따른 소비행태 조사". korcham.net. 2012.08.03.

오프라인 리테일러들이 상당하지만, 테크놀로지를 아군으로 활용하여 변화된 리테일 생태계에 유연히 적응하는 전통 리테일러들도 있다. 바야흐로 치열한 리테일 마케팅 전쟁이 시작된 것이다. 오프라인 매장의 리테일러들은 고객들을 온라인 매장에 뺏기는 상황을 수수방관할 수만은 없기에 그들의 매장을 스마트 스토어로 진화시키고 스마트한 마케팅의 옷을 입히기 시작했다. 이 책은 이처럼 치열한 오프라인 매장의 마케팅 현장을 담고 있다.

현대의 소비자들은 오프라인 매장 몇 군데에서 제품을 살피고 '질러버리기'보다는 그때그때 책갈피를 끼워 가며 틈틈이 한 권의 책을 읽듯, 온·오프라인 채널을 넘나들며 틈틈이 제품을 검색하고 검증해 쇼핑을 '완성해 나가는' 특징을 보인다. 그리고 제품을 구매하는 여정 동안 상황과 편의에 맞게 검색의 플랫폼—PC용 웹사이트, 모바일용 웹사이트, 스마트폰 앱, 오프라인 매장, SNS 등—을 갈아타는 성향을 보인다. 따라서 지난 몇 년간 오프라인 매장만 운영하던 기존의 전통 리테일러들의 일부는 언제 어디서든 소비자들이 그 어떤 채널과 플랫폼을 이용해도 항상 소비자와 맞닿아 커넥트connect될 수 있는 터치포인트를 하나둘 늘려 왔고 어느새 매장 하나만을 운영하던 싱글채널에서 다수의 멀티채널 리테일러로 변모하게 되었다.

하지만 이렇게 터치포인트가 늘어나면서 '관리 소홀과 소통 부재'라는 문제가 발생하기 시작한다. 심지어 인지도가 높은 리테일러임에도 불구하고 고객의 트래픽이 적은 채널의 경우에는 관리가 소홀해지거나 채널 간의 소통이 부재된 모습을 드러내기도 한다. 그리고 이는 소비자에게 혼란을 일으키고, 리테일 브랜드 이미지에 해를 끼치는 결과를 초래한다.

소비자의 관점에서
자신의 채널을 설계하고 디자인하라

채널을 운영하는 운영자의 관점이 아닌, 채널을 경험하는 소비자의 관점에서 바라보고자 하는 이들의 노력에서 '옴니채널 리테일링'이라는 개념이 탄생한다.

'옴니채널 리테일링'이라는 신조어는 지난 1~2년 사이 전 세계 리테일 업계의 최고의 화두어로 '다수의multiple' 채널을 '전체의omni' 채널로 바라보는 리테일 경영이라 할 수 있다. 옴니채널 리테일링의 핵심은 소비자들이 채널을 이동하며 리테일러와 커넥트하기에 불편함이 없는 환경을 조성하고, 채널 간의 간극이 없는, 일관성 있는 커뮤니케이션으로 고객의 브랜드 체험을 극대화시키는 데 있다.

Part 1에서는 이 같은 옴니채널 리테일의 중요성을 일찍이 간파하여 마케팅 전략으로 수용한 얼리어댑터들에 대해 소개하고자 한다. 옴니채널 서비스를 위해 매장과 온라인을 결합하고, IT와 물류 그리고 사내 조직에 혁신을 꾀하는 리테일러들의 사례를 담고 있다.

Part 2에서는 쇼핑 여정 중에 겪게 될지도 모르는 고객의 불편함을 제거한 후 혁신적인 대안을 마련한 리테일러의 사례들을 살펴보고자 한다. 매장에서 고객이 겪을지 모를 고충을 제거하기 위해, 기발한 전략을 동원하고 이를 통해 고객이 소모해야 할 시간 혹은 노력을 최소화한 이들의 비법을 살펴보자.

Part 3에서는 영업을 극대화하기 위한 리테일러들의 라인 매니지먼트 노하우를 공개한다. '줄'은 수요에 맞게 공급이 원활히 뒷받침되지 않음, 즉 서비스의 지연을 의미한다. 그러나 어떤 매장에서는 이런 줄에서 발생하는 고객의 스트레스를 덜어주기 위해 다양한 방법을 모색하기도 하고, 이 같은 상황을 훈장처럼 과시하기도 한다.

Part 4에서는 쇼루밍족을 공략하는 리테일러의 프로모션 사례들을 살펴본다. 쇼루밍족들의 깐깐한 소비 행태는 리테일러를 기운 빠지게 하지만, 반대로 그들은 자신이 무기처럼 들고 다니는 스마트폰으로 브랜드 · 리테일러와 쉬이 관계를 맺고 할인정보와 같은 메시지를 수신하고 활용함에 비교적 적극적이다. 따라서 영리한 오프라인 리테일러들은 오히려 '솔로모' 모바일 앱 등을 이용해 역공을 펼치고 있다. 솔로모SoLoMo는 '소셜Social'과 '로케이션Location' 그리고 '모바일Mobile'을 합성한 신조어다.

Part 5에서는 매장에서의 경험을 통해 소비자들이 돈으로 살 수 없는 자신의 욕구를 매장에서 충족할 수 있도록 하는 오프라인 매장만의 매력을 살펴보았다. 즐거운 쇼핑의 경험은 오프라인 쇼핑을 지속하게 만드는 원동력이 되며, 돈으로 구매하는 '제품'에 돈으로 환산할 수 없는 값진 경험을 '덤'으로 제공하는 것은, 온라인 매장이 제공할 수 없는 오프라인 매장만의 경쟁력이자 최후의 차별화 전략이다.

그리고 마지막 Part 6에서는 리테일 마케팅 영감을 불어넣어 줄 수 있는 흥미로운 마케팅 캠페인 및 사례 몇 가지들을 소개하였다.

끝으로 이 책에 생생한 실무의 목소리를 담은 마케팅 팁을 기고하여 준 지인들, 이 책을 발간하기까지 도움을 준 가족들에게 감사를 표한다. 부디 이 책이 독자들에게 오프라인 유통 비즈니스 마케팅에 도움이 될 만한 영감의 원천이 되기를 희망하며……

김숙희

일러두기

1. 인명, 기업명 그리고 자주 나오는 용어들은 처음 나올 때만 원어를 병기했다.
2. 외래어의 경우 외래어표기법에 우선하지 않고, 독자의 편의를 위해 통상 사용하는
   용어로 표기하였다.
3. 단행본은 『 』, 논문은 「 」, 잡지나 신문은 ≪ ≫, 공연·영화·방송프로그램은 〈 〉
   로 표기하였다.

Contents

 **Part 3** 영업 극대화 전략 — 라인 매니지먼트를 활용하라

OFFLINE
STORE

Part
1

다수에서
전체로

'옴니채널'로
리테일링하라

① 옴니채널 쇼퍼의 등장

A 씨(37세, 직장인)는 인터넷을 하루 5번 이상 접속한다. 시간이 날 때면 요즘 이슈가 뭔지, 지인들의 근황은 어떤지, 소셜 미디어를 통해 업데이트 받는다. 온라인으로 책, 옷, 항공권을 구입하거나 호텔 예약을 하기도 한다. 꼭 온라인 구매를 고집하는 건 아니고, 그때그때 편의와 이익에 따라 온라인과 오프라인을 넘나들며 쇼핑을 한다. 오늘은 회사에서 잠깐 틈을 내 이마트몰 웹사이트에 들어가 일주일치 먹을거리를 쇼핑했다. 퇴근 후 이마트 매장에 들러 쇼핑한 물건들을 드라이브 스루drive thru로 픽업할 예정이다.

A 씨는 요즘 우리 주변에서 흔히 볼 수 있는 소비자 유형이다. 러닝화를 구입한다고 할 때 예전에는 TV광고를 통해 몇 가지 상품을 눈여겨본 후, 하루 날을 정해 주변 쇼핑몰이나 백화점에서 몇 가지 브랜드 제품들 중 마음에 드는 하나를 골라 구입하는 것이 흔한 쇼핑법이었다. 그러나 쇼핑 패턴은 진화하고 있다.

요즘의 소비자들은 틈틈이 시간을 내어 인터넷으로 여러 브랜드 러닝화의 기능과 제품 리뷰들을 검색함은 물론, 온·오프라인의 다양한 유통 채널 조건을 살핀 후, 이익과 편의를 고려해 원하는 채널에서 제품을 구매한다. 최종 결제의 순간은 오프라인 매장이 될 수도, 온라인 사이트가 될 수도, 홈쇼핑 채널이 될 수도 있다.

과거에 오프라인 매장 몇 군데에서 제품을 살피고 **'질러버리는 것'**

이 쇼핑이었다면, 요즘은 자신들만의 체계적인 쇼핑 프로세스를 거쳐 **'완성해나가는 것'**으로 쇼핑이 바뀌고 있는 것이다.

마케팅 분야에서는 이와 같은 소비자들의 부류를 '옴니채널 쇼퍼omni-channel shopper'라 지칭한다. 옴니채널 쇼퍼는 리테일러 입장에서 봤을 때 전통방식의 쇼퍼에 비해 상당히 깐깐하고 응대하기 힘든 고객으로 분류될 수도 있다. 하지만 중요한 사실은 이 같은 부류의 고객들이 점차 늘어나고 있다는 점인데, 이는 굳이 수치로 증명하지 않아도 많은 사람들이 공감할 만한 사실일 것이다.

그리고 또 한 가지 중요한 점은 이들이 리테일러에게 상당히 중요한

전통방식 쇼퍼와 옴니채널 쇼퍼의 특성

전통방식 쇼퍼	옴니채널 쇼퍼
제품 구매 시, 주요 인쇄매체 혹은 TV 속 광고제품들이 참고가 된다.	인터넷을 훑으며 제품들의 사양을 비교한다. 소셜 미디어를 통해 지인들의 의견을 구하기도 한다(오프라인 매장에서도 이 같은 행동을 거리낌 없이 한다).
구매 결정이 빠른 편이다.	구매할 제품의 후보들을 구매 직전까지 계속 눈여겨보며 신중히 구매를 결정한다.
오프라인 매장이 영업하는 시간에 맞추어 쇼핑한다.	자신이 원하는 편한 시간에 틈틈이 제품들을 검색한다.
웬만하면 오프라인 매장에서 구할 수 있는 제품들을 구입한다.	국내든 국외든 개의치 않고, 자신의 니즈에 꼭 맞는 제품을 찾기 위해 노력한다.

* 출처: HOW YOU CAN JOIN THE OMNICHANNEL SHOPPER IN TRANSFORMING AUSTRALIAN RETAIL researched by Deloitte Touche Tohmatsu, commissioned by telstra, 2012

고객이라는 것이다. IDC 리테일 인사이트의 자료에 의하면, 다중채널을 통해 구매하는 멀티채널 쇼퍼가 싱글채널 쇼퍼에 비해 15~30% 더 많이 소비하고, 멀티채널을 통합적으로 탐색하는 옴니채널 쇼퍼는 멀티채널 쇼퍼보다 20% 이상 더 소비하는 것으로 나타났다. 게다가 다중채널을 이용하는 쇼퍼들은 소셜 네트워크나 기타 온라인 활동 등을 통해 다른 사람들에게 영향을 미치고, 자신이 지지하는 브랜드에 강한 충성심을 보이는 특징이 있다. 따라서 옴니채널 쇼퍼는 리테일러에게 있어서 놓쳐서는 안 될 중요한 타깃이므로 이들을 잡기 위한 마케팅 어프로치marketing approach가 절실한 상황이다. 그럼 과연 어떤 방식으로 그들에게 접근하여야 할까? 해답은 바로 옴니채널 리테일링에 있다.

② 옴니채널 리테일링

당신은 서울에서 부산까지 여행할 때 어떤 교통수단을 이용하는가? 아주 먼 옛날에는 도보로 가는 방법이 유일했지만, 사회가 발전하면서 자전거 · 배 · 버스 · 기차 · 오토바이 · 자동차 · 비행기 등 다양한 육로, 수로 및 항공 채널이 발달하게 되었다. 예전에는 서울에서 부산을 갈 때 걸어가는 방법밖에 없었지만 교통 채널의 다양화로 지금은 여러 옵션들을 두루 살핀 후 자신의 편의에 맞는 교통수단을 선택하여 이용할 수 있게 되었다.

제품 판매 채널 역시 마찬가지이다. 예전에는 고객과 소통하며 제품을 판매하는 채널로 오프라인 매장이 거의 유일한 장이었지만 지금은 오프라인 매장을 비롯하여 서비스센터, 카탈로그 같은 '물리적인 채널'뿐만 아니라 온라인, 모바일, TV, SNS 및 블로그 등과 같은 다양한 '디지털 채널'로 그 영역이 확장되고 있다.

하지만 테크놀로지의 발달로 리테일러들이 소비자와 소통할 수 있는 터치포인트를 하나둘 늘려감에 따라 또 다른 문제가 발생되고 있다.

B 씨(42세)는 오프라인 매장만을 운영하던 전통 리테일러다. 그러나 인터넷 쇼핑몰의 유행으로 몇 년 전부터는 온라인 웹사이트도 개설해 제품을 팔고 있다. 또한 최근에는 사람들이 스마트폰으로도 쇼핑을 한다기에 모바일 홈페이지도 만들고, 소셜 마케팅이 중요하다고 해서 페이스북 · 트위터 페이지까지 만들었다. 남들 다

한다니까 구색을 맞추기 위해, 그리고 조금이라도 매출에 도움이 되지 않을까 하는 마음에 이 같은 여러 영업 및 홍보 채널들을 만든 것이다. 그러나 오프라인 매장 외에 나머지 채널들은 아직까지는 방목 수준이거나 각 채널의 담당자가 따로 있어 제각각 돌아가고 있다. 여러 채널들을 개설하기만 하면 매출이 덩달아 뛸 것으로 기대했는데 큰 오산이었던 걸까?

이는 이미 많은 리테일러들이 경험했을 법한 상황이다. 시대의 변화에 뒤처지지 않기 위해, 혹은 치열한 경쟁에서 조금이라도 더 팔아보기 위해 리테일러들은 기존의 오프라인 매장이라는 싱글채널에서 다중화한 멀티채널로 확장하여 제품을 어필해 왔다. 멀티채널을 효과적으로 잘 구사한다면 영업에 큰 도움이 되겠지만, 관리가 제대로 되지 않거나 혹은 각 채널 담당자들의 협업 없이 제각각 돌아가고 있다면 오히려 브랜드 이미지에 해를 끼치는 결과를 초래하게 될지 모른다.

여기서 우리가 인지해야 할 중요한 사실은 소비자들은 제품을 구매하기까지의 여정 동안 그때그때의 상황과 편의에 맞게 여러 채널들을 갈아탄다는 것이다. 다음 그래프에서 보여주듯 요즘 소비자의 다수는 마음에 꼭 맞는 제품을 합리적으로 구입하기 위해서라면 다수의 채널을 오가며 검색하는 것을 마다하지 않는다. 예컨대, 제품에 대한 사전 검색 작업을 위해 집에서 PC를 이용하다가도 외출할 일이 생기면 이동 중에 (예를 들면 지하철 혹은 버스 안에서) 스마트폰으로 못다 한 검색을 이어가기도 하고, 온라인 검색 중에도 포털, 리테일러의 공식 웹사이트, 블로그와 SNS 등 다양한 플랫폼을 갈아타는 것은 예삿일이다. 이렇듯 합리적으로 소비하고자 하는 고객들은 직항도 마다하고, 수차례 채널(리테일러와의 터치포인트)을 갈아타며 목적지(구매)에

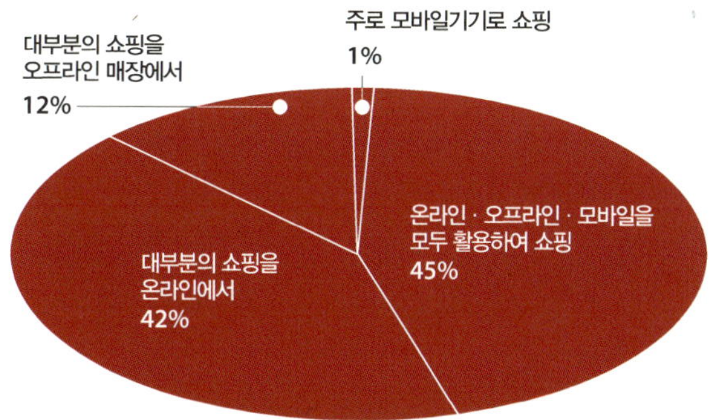

* 출처: PriceGrabber, '2012 Shopping Outlook' survey as cited in press release, Feb 28, 2012.
Methods US Online Shoppers Plan to Use to Shop in 2012

다다르는 것에 수고를 아끼지 않는다.

따라서 소비자들이 언제 어디서든 원하는 시점에 리테일러를 만날 수 있는 다양한 온라인 · 모바일 · 오프라인 등의 터치포인트를 열어둠은 물론 이들이 상황에 따라 플랫폼을 갈아탈 시 겪을지 모르는 불편함을 사전에 제거하여 리테일 브랜드 체험을 극대화시키는 것이 중요하다. 이처럼 채널을 운영하는 운영자의 관점이 아닌, 채널을 경험하는 소비자의 관점에서 바라보고자 하는 리테일러의 노력은 바로 '옴니채널 리테일링'의 탄생 배경이 된다.

그렇다면 옴니채널 리테일링이란 과연 무엇인가? 아주 쉽고 단순히 말하자면 소비자들의 편의를 위해 다수의 멀티채널을 열어두고, 이들을 통합적으로 잘 관리하는 것을 의미한다. 그리고 '잘' 관리한다는 것은, 각각의 채널들이 중구난방으로 운영되지 않도록 채널 전체를 '통합적'으로 매니지먼트하여, 궁극적으로 고객들이 항상 '일관성' 있는 리테일 브랜드를 경험할 수 있도록 하는 것을 말한다.

멀티채널 리테일의 효과를 극대화하기 위해선 '다수의multiple' 채널을 '전체의omni' 채널로 바라보는 자세가 필요한데, 이는 마치 오케스트라의 지휘와 같다. 경영자는 오케스트라의 지휘자가 되어 제각각의 악기들(유통채널들)을 하나의 큰 그림 안에 담고, 각각의 기능을 부여하여 서로 조화시켜 하나 된 멜로디를 만들어내야 하며, 직원들은 오케스트라의 단원들과 같은 자세로 자신의 악기(채널)뿐만 아니라 다른 팀원들의 악기(타 채널업무)를 충분히 이해하고 서로 조화되어 시너지를 일으킬 수 있도록 하는 자세가 필요하다. 이것이 구현될 때 비로소 청중(고객)의 감동을 이끌어낼 수 있기 때문이다.

옴니채널 리테일링

③ 진화하는 리테일러

✓ 온라인과 모바일 그리고 오프라인과 같은 다수의 채널을 운영해 고객들이 언제 어디서든 원하는 시점에 제품을 검색하고, 구매할 수 있는 편리함을 제공한다.

ex. 리테일러 웹사이트의 모바일 최적화, 쇼핑 편의를 도모하는 스마트폰 앱의 제공, 매장 내 무선인터넷 서비스 및 온라인 검색 키오스크

✓ 각각의 채널은 매끄럽게 연결되어, 채널을 이동하며 브랜드를 경험하는 고객들에게 불편함이 없도록 한다.

ex. 전체의 채널이 동일한 외양과 느낌(look and feel)으로 리테일 브랜드를 커뮤니케이션함, 전 채널에 걸쳐 동일한 프로모션과 합리적 가격정책, 온라인으로 주문하고 매장에서 제품을 픽업하는 채널 간 통합 운영 서비스

이 사항들은 옴니채널 리테일링 구사를 위해 활용되는 방법의 예이다. 그러나 이렇게 교과서의 텍스트처럼 설명되는 방식은 머리에 쉽게 와 닿지가 않는다. 자, 지금부터는 옴니채널 리테일링을 선도적으로 구사하는 기업들의 사례들을 살펴보고자 한다. 이들 사례를 통해 좀 더 쉽게 옴니채널에 대해 이해하고, 당신의 유통 채널 운영을 위한 전략 수립에 좋은 영감을 받을 수 있길 바란다.

경계를 넘나드는 커넥트

오프라인에 온라인이 커넥트되고, 현실세계에 디지털세계가 커넥트되어, 리테일러와 소비자가 커넥트된다.

오프라인 쇼핑과 온라인 쇼핑에는 각각의 장점이 있다. 오프라인 쇼핑은 직접 제품을 만지고 느껴볼 수 있으며, 구입과 함께 즉시 제품을 손에 넣을 수 있다는 장점이 있고, 온라인 쇼핑은 다양한 브랜드 전반에 걸쳐 살펴보고, 사용자들의 리뷰를 검색하고 검증할 수 있다는 장점이 있다.

옴니채널로 진화하는 리테일러들은 이처럼 온라인 쇼핑만이 가지고 있던 장점을 오프라인 매장에도 보충할 수 있도록 노력한다. 어디까지가 오프라인 쇼핑이고 어디서부터가 온라인 쇼핑인지 파악하기 힘들 정도로 온·오프라인의 경계, 현실세계·디지털세계의 경계가 유기적으로 결합, 즉 '커넥트'되고 있는 것이다.

매장에서 무선인터넷 서비스를 제공하고 온라인 검색을 할 수 있는 키오스크 및 쇼핑 앱들을 제공하여 오프라인 쇼핑에 온라인을 동반할 수 있도록 하고 오프라인 쇼핑의 여정이 온라인으로 이어지고, 이는 또다시 오프라인으로 이어질 수 있도록 하는 장치가 된다. 그리고 이처럼 온·오프라인을 교차하고 반복하는 쇼핑의 여정을 통해 소비자와 리테일러의 관계는 좀 더 긴밀하게 발전한다.

● 늙은 백화점의 디지털 이노베이션, 메이시스 백화점

　지난 10여 년간 미국 백화점의 매출 트렌드를 분석한 보고서에 따르면, 미국 리테일 매출은 연간 평균 4% 증가한 상승세를 보였지만 백화점 매출은 2.2%씩 감소했다. 이 보고서는 그 요인을 백화점이 SPA브랜드, 할인마트, 상설할인매장 등에 시장점유율을 빼앗겼기 때문이라고 분석하고 있다. 하지만 미국의 모든 백화점이 매출 부진에 시달린 것은 아니었다. 특히 그중 메이시스Macy's 백화점과 코올스Kohl's 백화점의 선전을 높이 평가한다.

　많은 백화점들이 매출 부진을 겪고 있는 반면, 메이시스는 2012년 전년 대비 3.7% 매출 상승을 기록했고, 인터넷 매출 48% 성장이라는 화려한 성적표를 자랑했다. 그리고 이 같은 매출 성과의 비결 중 하나로 메이시스는 주저 없이 그들의 옴니채널 전략을 꼽는다.

　2008년 150회 생일을 맞이했던 메이시스 백화점은, 물리적 나이는 좀 들었을지 몰라도 최근의 마케팅 활동을 살펴보건대 정신적 나이는 요즘 세대 못지않다.

> "우리는 온라인 쇼핑 체험을 오프라인 매장에도 적용하기 위해 테크놀로지를 활용합니다. 우리의 옴니채널 전략의 최종 목표는 고객과의 긴밀한 관계를 형성하고, 언제, 어디서든 고객들이 손쉽게 제품을 검색하거나 구매할 수 있도록 하는 것입니다."
>
> – 메이시스 회장 테리 룬드그렌Terry Lundgren

　메이시스 회장의 말처럼 메이시스는 언제 어디서든 고객들이 손쉽게 제품을 검색하거나 구매할 수 있도록 온라인과 모바일 및 오프라인 채널을 제공함은 물론, 소비자들이 각 채널의 경계를 자유롭게 넘나들며 브랜드를 경험할 수 있도록 하는 다양한 터치포인트(소비자와의 연결고리)를 제공하고 있다.

2010년에는 뉴욕 본점에 증강현실 기술을 적용한 가상 피팅 룸 '매직 미러magic mirror[1]'를 선보이기도 하였고, 2011년부터는 10여 곳의 매장에 '뷰티 스팟Beauty Spot'이라는 인터랙티브 터치스크린을 운영 중이다.

뷰티 스팟은 구매 전 다양한 브랜드별 제품 리서치를 가능하게 하는 인터랙티브 터치스크린이다. 메이시스 백화점 측은 특정 브랜드의 경계를 넘어 모든 화장품 제품군의 판매를 두루 촉진시킬 수 있는 방법을 찾기 위해 마케팅 에이전시인 파서블 월드와이드Possible Worldwide를 컨택contact하였고, 에이전시는 마케팅의 해법을 찾기 위해 '여자들은 화장품 쇼핑을 어떤 방식으로 하길 좋아할까?'라는 주제로 리서치를 했다.

이를 통해 얻은 중요한 인사이트insight는, 여성들의 거의 절반 정도는 화장품 쇼핑에 있어서 그 누구에게도 간섭받지 않고 혼자서 즐기는 것을 선호하였고, 제품 선택을 위해 사전에 온라인으로 화장품에 대한 정보를 습득한다는 점이었다. 이 같은 여성 소비자들의 쇼핑 방식을 고려해 탄생한 것이 바로 '뷰티 스팟'이라는 인터랙티브 터치스크린 키오스크이다.

---

1 매직 미러magic mirror: 고객이 거울 앞에 서면 자동으로 신체 정보가 파악되고 거울상에서 자신의 이미지에 맞춰 여러 옷을 실제로 입지 않고도 마치 착용한 것처럼 볼 수 있다. 페이스북과도 연동되어 옷을 착장해본 이미지를 소셜 친구들과 공유할 수 있도록 하였다.

우리는 제품 구매에 앞서 해당 제품이 '핫'한 아이템인지, 온라인상에서는 금액이 얼마인지, 다른 경쟁업체에서는 이보다 더 좋은 제품을 취급하고 있지는 않은지, 인터넷에 제품 리뷰는 어떤지, 소셜 친구들은 어떻게 생각하는지 등의 여러 가지 궁금증들이 머릿속에 오간다. 이 같은 궁금증을 해결하기 위해 백화점 구석에 쪼그리고 앉아 스마트폰으로 제품을 검색하고 있을지 모를 고객을 위해, 메이시스 백화점은 40인치 대형 화면을 통해 아예 대놓고 제품을 검색할 수 있는 '뷰티 스팟'이라는 공간을 제공해 준 것이다.

예를 들어, 파운데이션 혹은 립스틱을 구매하고자 할 경우, 다른 백화점에서라면 크리니크 매장에 들어가 제품 스펙과 가격을 확인한 후 매장을 빠져나와, 샤넬 혹은 랑콤과 같은 또 다른 브랜드를 찾아 같은 행동을 두세 번 반복해야 한다. 하지만 메이시스 백화점에서는 뷰티 스팟을 통해 구매 전 원하는 아이템에 따른 다양한 브랜드별 제품 정보를 한눈에 검색할 수 있도록 돕는다.

또한, 트렌드, 신상품, 시즈널 스페셜에 대한 정보들을 제공하고, 관심 제품에 대한 소비자들의 제품 리뷰를 확인할 수도 있다. 페이스북과 트위터도 연동되어 소셜 친구들에게 제품구매와 관련하여 의견을 묻거나 좋아하는 브랜드를 팔로우follow할 수 있다. 뷰티 스팟을 통해 검색한 제품의 내용은 자신의 이메일로 전송할 수 있고, 영수증 형태로 출력하여 해당 매장에 방문해 점원에게 제시하여 제품을 쉽게 구입할 수도 있다. 또한 기계 옆에 컨시어지concierge, 안내원가 상주하여 기계 이용에 도움을 준다. 컨시어지는 모바일카드 결제기를 소지하고 있기에, 고객이 제품 구매를 원할 시 카드 결제를 돕기도 한다. 그리고 가장

메이시스 백화점 휴스턴 점의 화장품 코너 내 설치된 뷰티 스팟의 모습. 뷰티 스팟 옆에는 아이패드를 들고 상주해 있는 컨시어지(안내원)의 모습도 보인다. * 출처: Houston Chronicle by Nick De La Torre

중요한 점은 본 기계가 메이시스 닷컴macys.com과 연동되어 고객이 자연스레 매장 내에서 자사의 온라인 쇼핑 웹사이트를 방문할 수 있도록 유도한다는 점이다.

옴니채널 리테일링의 노력이 돋보이는 메이시스의 또 다른 서비스 중 한 가지는 바로 '기프트 레지스트리gift registry'이다. 유럽과 미국에서는 기프트 레지스트리(혹은 웨딩 레지스트리)라는 문화가 있는데, 이는 받고 싶은 선물의 위시리스트 개념으로, 주로 결혼 · 기념일 · 생일 · 집들이 · 베이비샤워 등의 행사를 맞이할 때 행사의 주인공이 받고 싶은 선물의 목록을 만들어 놓으면 가족과 친지 등이 그 리스트에 속한 물건을 선물해주는 실속 문화라 할 수 있다. 그리고 이 같은 문화

는 주로 주방·인테리어 생활용품 브랜드와 백화점 등에서 마케팅의
한 방법으로 활용되곤 한다.

행사의 주인공들이 리테일러가 운영하는 웹사이트에 접속해 기프
트 레지스트리 코너에 받고 싶은 선물을 등록해 두면 지인들이 웹사이
트에 들어가 위시리스트를 보고 그중 하나를 골라 바로 결제해 선물할
수 있도록 하는 것이 일반적인 기프트 레지스트리 시스템의 유형이다.

위시리스트 등록은 온라인 웹사이트뿐만 아니라 오프라인 매장에
서도 가능한 곳들이 있는데, 선물을 받고자 하는 주인공이 매장에서
제공하는 바코드 스캐너를 들고 다니면서 받고 싶은 제품을 발견하면
해당 제품의 바코드를 스캔해 자동으로 온라인의 위시리스트로 등록
하는 시스템이다.

그런데 메이시스는 여기서 한발 더 나아가, 자사의 스마트폰 앱을
활용한 진화한 시스템을 제공하고 있다. 스마트폰 앱에 웨딩 레지스
트리 항목이 있어, 고객이 소지한 스마트폰으로 매장에서 실시간 선물
받고 싶은 제품을 스캔하여 온라인 위시리스트에 등록하고, 이를 관리
할 수 있도록 하였다. 모바일 앱이 제공해주는 이동성의 장점은, 고객
이 언제 어디서든 이동하며 선물 리스트의 업데이트 상황을 확인하고
관리할 수 있다는 것이다.

이처럼 뷰티 스팟, 기프트 레지스트리, 매직 미러와 같은 메이시스
의 서비스들은 온·오프라인의 경계를 넘어 쇼핑하는 소비자들의 쇼
핑 방식의 이해와 소비자 편의 중심의 사고에서 나온 옴니채널 전략의
산물이라 할 수 있다.

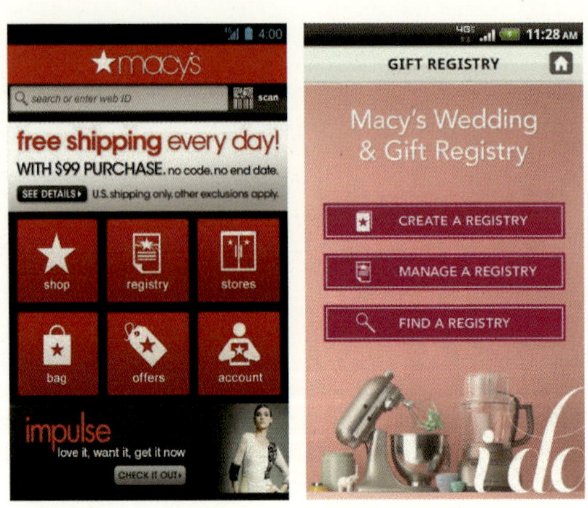

* 출처: itunes.apple.com

● 매장과 모바일을 넘나드는 베스트 바이의 QR코드

인사이트 익스프레스의 조사에 따르면, 82%의 소비자가 매장에서 쇼핑을 하면서 스마트폰을 활용한다고 한다. 이 같은 구매 행동을 일찌감치 감지한 베스트 바이는 2010년부터 매장 내 모든 제품 태그tag에 QR코드를 삽입하였다. 매장 내에서 스마트폰으로 관심 제품의 QR코드를 스캔하면 고객은 베스트 바이 모바일 웹사이트의 해당 제품 페이지로 자동 접속하게 된다. 모바일 웹사이트를 통해 온라인 쇼핑 카트에 담아두거나 결제를 할 수도 있고, 페이지를 넘겨가며 비슷한 사양의 다른 제품들을 비교하여 볼 수도 있다. 또한 온라인에 올라온 소비자들의 제품 리뷰 혹은 몇 개의 별이 달렸는지 등급을 확인할 수도 있다.

제품 태그에 QR코드을 부착하는 제도를 시행한 지 1년이 지나자 베스트 바이는 QR코드의 성과를 발표하였다. 2011년 말 기준 매주 고객들의 QR코드 평균 스캔 건수는 7만 8천 회에 달하며, 노동절 한 주간 QR코드 스캔을 통해 베스트 바이 모바일 앱을 다운로드한 건수는 3만 3천 건에 달했다고 한다.

이처럼 베스트 바이의 QR코드 제공 서비스는 전문가 및 실사용자의 리뷰를 체크하는 것이 보편화되어 있는 전자제품 쇼핑 트렌드에 맞춘 고객 편의 서비스이자, 오프라인 매장 고객에게 자사의 모바일 사이트를 자연스레 홍보할 수 있는 가교 역할을 하고 있다.

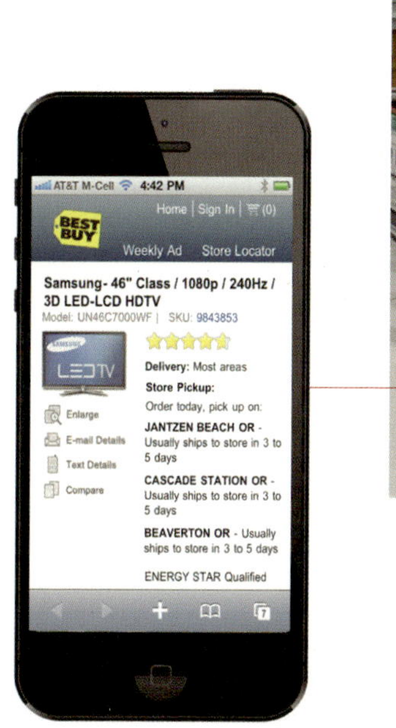

QR코드 스캔 후 스마트폰에 나타나는 화면

베스트 바이의 제품 디스플레이 전경 * 출처: retailgeek.com

● 아디다스 플래그십 스토어의 디지털 디스플레이 '아디벌스'

　　런던 옥스퍼드 스트리트의 아디다스 플래그십 스토어에는 마치 아디다스 온라인 웹사이트를 옮겨다 놓은 듯한 신발 디스플레이 벽면이 눈길을 끈다. '아디벌스adiVerse'라는 이름의 가상 신발 벽면 버추얼 풋웨어 월 virtual footwear wall 이 바로 그것이다.

　　아디다스는 이처럼 오프라인 매장에 온라인 테크놀로지의 접목하여, 온라인 쇼핑을 통해서만 가능할 법한 다양한 제품에 대한 검색 기능을 오프라인 매장에도 구현하였다. 따라서 제품 구입 전 거치는 온라인 검색 과정을 오프라인 매장에서 손쉽게 한 번에 해결할 수 있다.

　　소비자들은 가상 신발 벽면을 통해 디지털 화면으로 8,000종 이상의 신발을 검색하고 3D 입체로 360도 회전하며 신발 디자인을 둘러볼 수 있다. 또한 성별과 연령에 맞추어 고객에게 제품을 추천받을 수 있고,

아디다스 런던 옥스퍼드 스트리트 플래그십 스토어 내 디지털 디스플레이 * 출처: think-space.co.uk

트위터와 같은 SNS와 연동되어 해당 제품의 리뷰들을 팝업 화면으로 열어볼 수도 있다.

부담 없고 흥미로운 검색이 될 수 있도록 보기 쉬운 그래픽으로 제품에 적용된 테크놀로지를 설명함은 물론 해당 제품 광고 모델이(예를 들면, F50아디제로 축구화의 모델인 리오넬 메시가) 비디오로 등장하여 제품의 스토리를 들려주기도 한다.

● 온라인을 동반한 오프라인 쇼핑, 모바일 앱의 '스토어 모드'

월마트Walmart, 월그린스Walgreens, 타깃Target, 홈디포Home Depot 등의 리테일러들은 자사의 모바일 앱에 '스토어 모드store mode' 서비스를 겸비하고 있는데, 이는 옴니채널 리테일링 수행을 위한 유용한 도구이다.

스토어 모드란 우리가 흔히 휴대폰을 진동 모드 혹은 멜로디 모드로 하듯, 소비자들이 매장에 있을 때 해당 리테일러의 스마트폰 앱을 '스토어 모드'로 켜두는 것을 말한다. 리테일러들은 고객들이 매장에서 스토어 모드로 앱을 켜두는 것을 유도하기 위해, 앱을 통해 얻을 수 있는 다양한 쇼핑 편의를 제공하려 노력한다. 다시 말해 '꼭 앱을 켜야만 하는 합리적 이유'를 만들어 주는 것이다.

스토어 모드는 일반적으로 매장 지도와, 고객이 작성한 쇼핑 목록의 제품 위치를 알려주고, 해당 제품을 장바구니에 담을 수 있는 효율적인 쇼핑의 동선을 제안해 주기도 한다. 이 같은 편의성 덕분인지, 스토어 모드를 제공하는 앱은 그렇지 않은 앱에 비해 고객참여율이 5배나 높다는 리서치 결과도 있다.

  일례로 월마트의 앱을 살펴보자. 고객이 월마트 앱을 켜고 매장에
들어서게 되면 앱은 고객의 위치를 자동으로 인식하고 고객에게 스토
어 모드로 전환할 것을 권유한다. 앱을 스토어 모드로 전환하게 되면
고객은 앱을 통해 해당 매장의 할인행사 및 신제품들을 검색할 수 있
고, 제품의 바코드를 스캔하여 제품에 대한 부가정보 검색 및 장바구
니에 담긴 제품들의 총액을 계산해볼 수 있다. 또한 고객이 제품을 찾
아보기 쉽도록 쇼핑 목록의 제품들이 위치한 기둥의 번호를 알려주는
가 하면, 앱의 '온라인 상점'을 통해 매장 내 품절상품을 주문하는 데

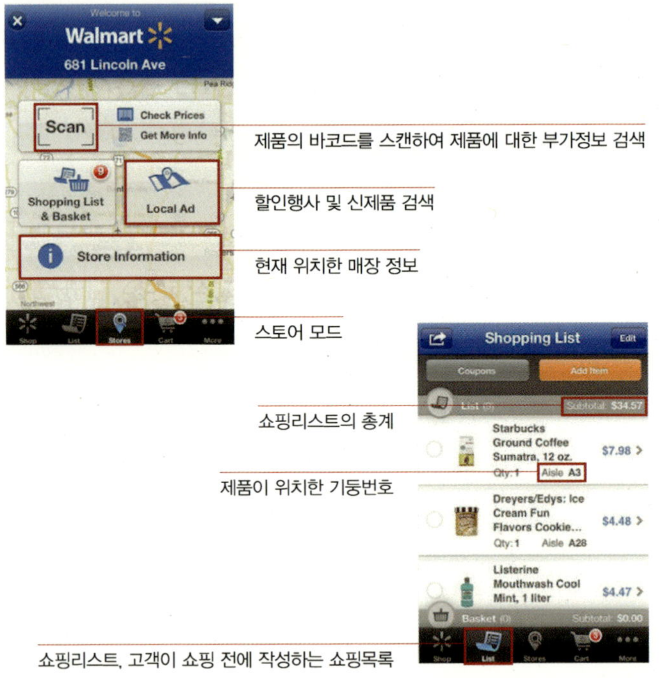

제품의 바코드를 스캔하여 제품에 대한 부가정보 검색

할인행사 및 신제품 검색

현재 위치한 매장 정보

스토어 모드

쇼핑리스트의 총계

제품이 위치한 기둥번호

쇼핑리스트, 고객이 쇼핑 전에 작성하는 쇼핑목록

월마트 모바일 앱의 화면 * 출처: thehighlow.com

쓰이기도 한다. 이 같은 월마트의 옴니채널 전략은 상당한 효과를 거두는 듯하다. 월마트의 오프라인 매장 내에서 발생하는 온라인 매출의 비중이 전체 월마트 온라인 매출의 12%를 차지한다니 말이다.

모바일 앱의 '스토어 모드' 서비스는 고객에게 쇼핑의 편의를 제공할 뿐만 아니라, 리테일러에게는 유용한 마케팅 소스가 된다. 고객에 맞춤화된 정보를 발송하고, 프로모션의 효력을 측정하며, 고객이 매장 내 어느 위치에서 많은 시간을 보내는지 등을 분석하는 데 활용될 수 있기 때문이다.

이는 리테일러가 고객의 성향과 쇼핑 패턴을 이해하는 데 도움을 줘 결과적으로 더 나은 고객서비스와 고객충성도를 만들어나가는 데 도움이 될 것이다.

'매장'의 새로운 역할

리테일러가 운영하는 채널이 다수로 늘어나고 이들을 옴니채널 리테일링의 방식으로 운영하게 되면서 '매장'에 새로운 역할이 부여되기 시작했다. 기존에 매장이 담당했던 '제품을 판매하는 장'의 역할은 다른 채널들에서도 병행될 수 있기에, 옴니채널 경영자들은 매장에 '매장에서만 가능한' 특유의 임무를 새롭게 부여하게 된다. 오프라인 공간이라는 매장의 물리적 특성을 살려 각종 이벤트 개최 및 고객의 제품 체험과 클라이언텔링의 장으로 활용되는가 하면, 온라인으로 주문된 제품들이 발송되는 유통센터 역할을 담당하기도 한다.

● '쇼룸'으로서의 매장

"우리 고객들이 (자사의 여러 채널들 중) 최종 구매를 어디서 하느냐는 저희에게
그리 중요치 않습니다. 우리가 중요하게 생각하는 것은 그들의 매끄러운 브랜드
체험seamless expérience입니다."

– 윌리엄스 소노마 CEO 로라 앨버Laura Alber

윌리엄스 소노마Williams-Sonoma, Inc.는 고급 가정생활용품을 판매하는
리테일러이다. 1956년 캘리포니아의 소노마 지역에서 수입 주방용품
소매점으로 시작되었던 윌리엄스 소노마가 현재에 이르러 7개의 브랜
드로 확장되고, 580여 개의 매장을 거느린 매출 4조 달러 규모의 회사
로 성장할 수 있었던 데는 '매장–카탈로그–온라인'을 기반으로 한 멀
티채널 전략의 역할이 컸다.

매장 하나로 단출하게 시작한 윌리엄스 소노마는 1970년대부터 가동
된 카탈로그 세일즈–카탈로그를 고객들에게 직접 DM 발송하여 제
품을 주문받는 형식의 영업–를 통해 미국 전역으로 사업 영역을 확
장했다. 이후 1999년부터 시작된 온라인 비즈니스는 윌리엄스 소노
마가 전 세계 75개국으로 영업망을 확대할 수 있는 주요 채널이 되었
다. 2008년 미국발 경제 위기 직후 매출의 감소를 경험하기도 했지만
2010년대부터 매출 성장의 주 원동력이 된 e커머스e-commerce 채널에 집
중 투자한 결과, 현재까지 매년 꾸준한 매출 성장을 기록하고 있다.

현재, 윌리엄스 소노마의 e커머스 채널은 전체 매출의 40%가량을
차지한다. e커머스의 집중 투자와 개발로 기존 전통 채널의 소비자들

이 웹사이트로 다수 이동하였고, 잠재 소비자들을 흡수한 덕이다.

이 같은 e커머스 채널의 커다란 매출 비중은, 기존의 소비자들이 제품의 결제를 위한 창구로 오프라인 매장이나 카탈로그에서 온라인 숍으로 다수 이동되었음을 의미하기도 한다. 제품 체험은 매장에서 하고 구매는 온라인에서 하는 소비 트렌드의 확산은 윌리엄스 소노마가 매장을 '제품을 체험하는 전시장', 즉 '쇼룸'으로 특성화시키는 데 자신감이 붙게 해 주었다. 매장을 방문한 다수의 고객이 제품을 체험한 후, 온라인에서 구입을 한다는 점을 인지하였기에, 앞서 언급된 CEO의 말처럼 매장에서는 당장의 판매에 급급하지 않고, 고객들의 매끄러운 브랜드 체험에 보다 집중할 수 있게 된 것이다.

윌리엄스 소노마는 지난 몇 년간 효율이 떨어지는 군소 매장들을 중심지역의 대형 매장으로 통합 정리하였고, 브랜드 아이덴티티를 느끼게 해 줄 수 있는 매장 연출을 통해 매장이 광고판 역할을 수행할 수 있도록 했다. 이 같은 위풍당당한 매장의 존재감은 온라인과 카탈로그를 통해 제품을 주문하는 사람들에게 브랜드에 대한 신뢰감을 주었다. 더불어 매장에서 진행되는 테이블 세팅 시연, 쿠킹 클래스 등의 각종 행사를 통해 고객들의 확실한 제품 체험을 이끌고 있다. 또한 자사 온라인 사이트 구매로의 연계를 도모하고, 매장 내 클라이언텔링clienteling[2]

---

2 클라이언텔링clienteling: 고객충성도 향상을 위해, 고객의 구매 습관과 성향 등에 대한 데이터를 활용하여 고객을 관리할 수 있도록 하는 시스템. 예를 들어, 매년 크리스마스에 같은 제품을 샀던 이력이 있는 고객에게 크리스마스 시즌 직전에 리마인더 메일을 보내거나, 특정 고객이 선호하는 스타일에 정확히 부합되는 제품이 출시되었을 때, 매장에서 직접 해당 고객에게 전화를 걸어 제품 출시에 대한 정보를 알리고 매장 방문을 권유하는 등의 고객 맞춤 지원 서비스를 말한다.

을 통해 고객과의 관계를 더욱 공고히 하고 있다.

이 밖에도 윌리엄스 소노마가 배포하는 카탈로그는 요리와 인테리어 등의 정보와 유용한 팁을 담고 있어 돈 주고 구독하는 여느 라이프스타일 매거진 못지않다. 이는 상업 우편물이라기보다는 가치 있는 정보라는 인식을 갖게 만들어 정기적인 카탈로그 수신에 대한 거부감을 없애고 콘텐츠에 대한 몰입도를 높일 수 있게 해준다. 또한 궁극적으로 고객들이 자사 온라인에 접속하지 않아도, 매장에 방문하지 않아도 정기적으로 브랜드의 신제품들에 대해 업데이트해 주는 고객과의 지속적인 커넥션 역할을 해준다. 따라서 윌리엄스 소노마의 카탈로그를 받아 본 고객들은 대략 제품을 인지한 상태에서 매장을 방문할 수 있고, 지면으로 접했던 제품을 매장에서 직접 체험해보고 필요시 직원들의 조언 혹은 상담을 받는 데 초점을 맞출 수 있다. 그리고 최종적으로 제품 구매는 고객이 편리한 채널을 이용해 결제하면 되는 것이다.

1970년대부터 시작된 카탈로그 영업과 최근 e커머스 영업의 결합은 윌리엄스 소노마가 넓고 깊이 있는 고객DB를 축적할 수 있게 해주기도 하였다. 이들이 보유한 고객DB는 6천만 가구의 정보에 달하고, 고객의 소득수준, 자녀 수, 거주 주택의 가치까지도 담고 있어, 기업의 빅데이터 분석을 통해 좀 더 표적화되고, 고객맞춤화된 카탈로그 및 이메일 발송과 고객서비스를 제공할 수 있게 해준다.

또한 비즈니스 관련 중요 결정을 내리는 데 주요 참고자료가 되어주기도 하는데 예를 들어, 신규로 론칭하고자 하는 브랜드의 사업성 검토를 위해 카탈로그 영업을 먼저 개시하여 성과를 살핀 후 성공 여부를 타진한 후 매장 오픈 여부를 결정하기도 하고, 매장 오픈 지역 선정시 카탈로그 및 이메일 수신 고객들의 주소 자료는 지역 선정을 위한 로드맵이 되어준다. 또한 카탈로그와 웹사이트 플랫폼은 제품의 시장성 테스트를 위한 효율적인 수단이 되어주기도 한다.

윌리엄스 소노마와 같이 멀티채널로 영업을 하는 리테일러들은 많다. 혹은 윌리엄스 소노마 이상으로 더 많은 채널들을 운영하는 리테일러들도 상당할 것이다. 하지만 그중에서도 유독 이들의 경영이 주목할 만한 가치가 있는 이유는 '남들 다 하니까 나도 해야지'라는 마인드로 채널을 늘려 온 리테일러들과 달리, '뭘 해도 제대로' 하고자 하는 이들의 경영방식 때문이다. 각 채널의 강점을 부각하고, 각 채널을 경쟁관계가 아닌 협력관계로 매끄럽게 연결하였기에, 고객은 윌리엄스 소노마라는 울타리 안에서 마음껏 브랜드를 체험하고, 기업은 채널 간의 시너지 창출로 매출을 극대화시킬 수 있는 것이다.

윌리엄스 소노마 매장 내에서 진행되는 쿠킹 클래스 * 출처: thehighlow.com

● '물류의 허브'로서의 매장

다중의 유통 채널을 보유한 리테일러는 전략적으로 오프라인 매장을 온라인 채널의 유통센터-인벤토리 관리, 발송, 픽업, 반품-로 활용하기도 한다.

노드스트롬 Nordstrom 백화점은 온라인과 오프라인 매장의 인벤토리 inventory 재고를 통합하여 운영한다. 이는 한정된 인벤토리를 가지고 여러 채널에서 실시간 접근하여 판매를 극대화할 수 있게 해준다. 재고 소진율을 높여 보다 많은 제품을 할인이 아닌 정가에 판매할 수 있도록 해주는 것이다.

예컨대 C고객이 A브랜드의 온라인 숍에서 ○○제품을 주문하고자 한다. 하지만 현재 온라인 숍에 할당된 재고가 모두 소진된 상태라 제품을 구매할 수가 없다. 그런데 만약 현재 오프라인 매장에서 해당 제품의 재고를 보유하고 있다면 A브랜드는 재고가 있는데도 판매의 기회를 놓친 격이 되고 만다.

그러나 온라인과 오프라인 매장의 재고를 공유하는 노드스트롬 백화점의 상황은 다르다. 웹사이트 nordstrom.com에서 재고가 소진되었다 하더라도 오프라인 매장에서 재고를 보유하고 있다면 고객은 여전히 해당 제품을 온라인으로 주문할 수 있다. 오프라인 매장의 경우도 마찬가지이다. 매장을 방문한 고객이 해당 매장에서 품절된 상품을 구입할 시, 온라인 웹사이트의 재고를 끌어와 판매할 수 있다.

영국 데븐햄즈 Debenhams 백화점의 '엔드리스 아일 Endless Aisle, 끝없는 통로'도 같은 성격의 프로젝트이다. 온·오프라인 매장의 인벤토리를 통합하여, 온라인 재고 품절 시 소비자와 근접한 매장에서 재고를 끌어와 판매할 수 있도록 시스템을 구축한 것이다. 데븐햄즈의 2012년 상반기 성과보고서에 따르면 이 같은 시스템을 통해 약 1천만 파운드(약 168억 원)의 놓칠 뻔한 매출을 쟁취할 수 있었다고 한다. 데븐햄즈 백화점은 본 시스템 구현을 위한 IT인프라 구축의 가치를 인정받아 2013년 오라클 리테일 위크 어워드 Oracle Retail Week Awards에서 올해의 리테일 테크놀로지 상 the ReThink Retail Technology Initiative of the Year을 받기도 하였다.

메이시스 백화점은 온라인 주문의 보다 빠른 배송을 위해 오프라인 매장을 온라인 숍의 물류센터로 활용하고 있다. 이를 위해 온·오프라인 매장의 인벤토리를 통합 관리하여, 온라인으로 주문된 제품이 가장 근거리의 매장에서 발송될 수 있도록 하였다. 또한 온라인 숍의 재고 소진 시, 어느 매장에서 재고를 끌어올지를 결정하는 컴퓨터 알고리즘을 개발하여 최대한 해당 제품의 회전율이 느린(잘 팔리지 않는) 매장에서 재고가 픽업될 수 있도록 하였다.

메이시스는 (계열사 블루밍데일 백화점을 포함한) 약 840여 개의 매장을 보유하고 있는데, 현재 유통센터로 활용되는 백화점은 그중 262개 지점이며, 2013년 말까지 500개 지점으로 확대할 예정이다.

'온라인 구매, 매장 픽업 서비스 Order Online, Pick Up In-Store Service'와 '온라인 구매 후 반품을 원할 시 매장에서 반품할 수 있는 서비스 Buy online, Return to store'도 매장을 온라인 유통의 허브로 활용하는 또 다른 예이다. 이는 e커머스와 오프라인 매장의 장점을 결합해 놓은 고객 중심의 서비스라 할 수 있다. 물론 이 같은 서비스를 필요로 하지 않는 고객들도 있을 것이다. 하지만 배송 및 반품 방법이 하나 더 늘었다는 것은 비즈니스 세계에서 큰 경쟁력이 될 수 있다. 더욱이 2009년 스털링 커머스 Sterling Commerce가 조사한 자료에 의하면, '온라인 구매, 매장 픽업 서비스'가 '중요하다' 혹은 '매우 중요하다'고 응답한 고객이 67%나 되었다는 점이 이를 뒷받침해 준다.

특히 배송료 지불을 원치 않는 고객, 제품 수신 전 제품의 이상 유무를 확인하고자 하는 고객, 배송까지 며칠씩 기다릴 필요 없이 즉시 상품을 손에 넣고자 하는 고객들을 끌어당길 수 있는 주요 수단이 된다.

'온라인 주문, 매장 픽업 서비스'의 또 다른 혜택은, 제품 픽업이라는 목적 아래 고객의 매장 방문을 유도할 수 있다는 점이다. 이는 고객이 오프라인 매장에 관심을 가질 수 있는 계기를 만들어주고, 또한 매장에 들른 김에 덤으로 추가 구매할 수 있는 여지를 만들어줄 수 있다.

월마트, 베스트 바이, 홈디포, 월그린스, 메이시스, 노드스트롬, 테스코 Tesco, 애플 Apple, 존 루이스 John Lewis, 제이시페니 JC Penney, 케이마트 Kmart, 시어스 Sears와 같은 대형 리테일러들이 '온라인 구매, 매장 픽업 서비스'를 진행하고 있고, 앞으로 이 같은 서비스는 점차 확대될 전망이다.

미국 월마트는 여느 마트와 마찬가지로 특정 금액(월마트의 경우 45달러) 이상의 구매건의 경우 무료로 제품을 배송하여 주지만, 미만의 경우엔 배송료를 받는다.

하지만 배송료 지불을 원치 않는 고객을 위해 온라인 오더 후 매장에서 픽업할 수 있는 '사이트 투 스토어 Site to Store' 서비스를 6년 전부터 제공하여 왔다. 또한 매장뿐만 아니라 웹사이트를 통해 제품을 반품할 수 있도록 하였으며, 주문상품 픽업 장소를 집 근처의 페덱스 지점

FedEx Office으로 지정할 수도 있어서 소비자의 편의를 더했다. 현재 온라인 주문 고객의 절반 이상이 매장 픽업 서비스를 선택하고 있고, 월마트 측은 운송 작업에 큰 비용 절감 효과를 가져왔다고 밝혔다.

영국의 슈퍼마켓 테스코 역시 온라인으로 주문하고 매장에서 픽업하는 '클릭 앤 콜렉트 Click & Collect' 서비스를 운영 중이다. 고객이 제품을 픽업하는 공간은 굳이 차에서 내려야 하는 수고마저 덜기 위해 드라이브 스루 시스템으로 설계되어 있다. 클릭 앤 콜렉트 서비스를 이용하기 위해선 2파운드를 추가로 지불해야 하지만, 5파운드가 소요되는 집배달 서비스에 비해 훨씬 저렴한 금액이다.

영국 슈퍼마켓 분야의 시장점유율 1위에 빛나던 테스코는 최근 거의 20년 만에 처음으로 매출 감소라는 굴욕을 겪었다. 이들은 매출 회

테스코 웹사이트 내 'Click & Collect' 서비스를 홍보하는 웹배너
아이를 동반한 주부가 직원의 도움으로 온라인 주문 상품을 매장에서 편히 픽업하는 모습을 담고 있다.
* 출처: www.tesco.com 배너

복의 주요 전략 중 하나로 100여 개 지점에서 운영되던 '클릭 앤 콜렉트' 서비스를 150여 곳으로 확대할 예정이다.

우리나라의 경우, 이마트가 2010년부터 점포 픽업 서비스를 시작했다. 주차장 공간을 할애하여 '신분확인 데스크'와 '상품 픽업 센터'를 설치해 고객이 차에서 내릴 필요 없이 상품을 받아가도록 하였다. 뿐만 아니라 이와 별도로 매장 안에도 '상품 픽업 코너'를 마련하여 차량을 이용하지 않는 고객들도 구매 상품을 들고 갈 수 있도록 하였다.

한편, '온라인 구매, 매장 픽업 서비스'는 온·오프라인의 장점만을 취하고자 하는 쇼루밍족[3]을 공략하기 위한 마케팅 도구로 활용되기도 한다. 롯데닷컴과 롯데백화점 쇼핑몰(엘롯데)의 스마트픽 서비스와 갤러

드라이브 스루 형태로 설계된 'Click & Collect'의 제품 서비스 픽업 공간 * 출처: carrickfergustimes.co.uk

리아백화점의 픽업@스토어 서비스가 그
예인데, 고객은 할인쿠폰 등을 이용해 온
라인 숍에서 할인된 금액으로 상품을 주
문한 뒤, 백화점 내 해당 매장에서 제품
을 픽업할 수 있기에 온·오프라인의 혜
택을 두루 살피는 쇼루밍족들을 공략하
기 위한 전략으로 활용되고 있다. 고객은

이마트의 점포 픽업 서비스 * 출처: 세계일보, 2010.07.05.

쿠폰, 이벤트 등 온라인 쇼핑몰의 혜택을 누림과 동시에 매장에서 물
품 수령 직후 교환·환불·수선과 같은 오프라인 매장의 서비스도 함
께 누릴 수 있어 일거양득이다. 현재 이 서비스는 화장품과 의류, 스포
츠 등 일부 매장에서 적용되지만 앞으로는 좀 더 많은 매장으로 확대
될 전망이다.

백화점뿐만 아니라 서점에서도 이 같은 서비스가 빠르게 확산되고
있는데, 온라인으로 책을 주문하고 매장에서 픽업할 수 있는 교보문고
의 바로드림, 반디앤루니스의 북셀프, 영풍문고의 빠른 책 서비스가
그 예이다. 흥미로운 점은 이들 리테일러가 모두 모바일 앱을 제공하
고 있어 고객은 매장에서 책을 살펴본 후 현장에서 스마트폰 앱을 통
해 할인된 금액으로 온라인 결제를 하고, 매장에서 바로 온라인으로
구매한 책을 손에 넣을 수 있다는 것이다. 책 구경은 오프라인 매장에

---

3 쇼루밍족: 제품 구경은 오프라인 매장에서 하고, 실제 구매는 최저가를 찾아 온라인 숍에서 하는 소비
　패턴의 쇼퍼들. 매장을 제품 구경만하는 쇼룸으로 전락시키는 쇼루밍 현상showrooming trend을 주
　도하고 있다.

서 하고, 정작 구매는 온라인 서점에서 할인된 금액으로 하는 쇼루밍 족들을 공략하기 위한 전략이라 할 수 있다.

'온라인 구매, 매장 픽업 서비스'를 실행하는 것이 말처럼 쉬운 일은 아니다. 직원 서비스 교육, 고객의 주문서에 따라 제품을 고르고 포장하는 작업, 매장의 재고를 면밀히 파악해야 하며, 이미 구매가 이루어진 제품들을 위한 보관 공간, 제품 픽업 공간이 할애되어야 한다. 따라서 이 같은 서비스는 실행하기에 조금 번거로울 뿐만 아니라 비용 또한 소모되는 게 사실이다. 그러나 명심하자. 이 같은 서비스는 순수 온라인 리테일러는 제공할 수 없는, '매장'이라는 물리적 에셋asset을 가지고 있는 다중채널 리테일러만이 제공할 수 있으며, 이런 작은 편의가 시장에서는 큰 경쟁력이 된다는 사실을⋯⋯.

4 옴니채널 조직의 구축과 관리

옴니채널 리테일링을 구사함에 있어 꼭 주지해야 할 사항 중 하나가 조직의 구성과 관리이다. 그럼 과연 옴니채널 리테일링을 선도해가는 리테일러들은 조직을 어떻게 구성하고 운영해 나가고 있을까?

Chief Omnichannel Officer의 출현, Customer Experience Officer도 곧 탄생?

2013년 1월 메이시스 백화점은 새로운 임원 인사 발표를 한다. 눈에 띄는 특이사항은 바로 Chief Omnichannel Officer라는 새로운 직함이 출현하였다는 것이다. Chief Omnichannel Officer 직급은 CEO에게 직속으로 보고하는 자리이자, 이사진의 멤버로 활약하게 된다.

새 포지션을 담당하게 될 사람은 바로 로버트 해리슨Robert B. Harrison이라는 인물로, 인사 발표 이전까지 메이시스에서 전무이사Executive Vice President급의 직급으로 매장-웹-모바일 채널 통합을 위한 옴니채널 전략을 지휘하였으며, 이전에는 메이시스의 파이낸스, 스토어, 오퍼레이션의 임원직을 두루 역임하였다.

Chief Omnichannel Officer로서 해리슨은 매장-웹-모바일 채널로 대표되는 메이시스의 다중 유통 채널이 조화롭게 융합되어 운영될 수 있도록 하는 코디네이팅 업무를 맡게 되며(각각의 채널을 모두 책임지는 것은 아니며 각 채널의 총 책임자는 별도로 존재), 또한 테크놀로지, 로지스틱스(물류), 관련 오퍼레이션을 감독하는 추가적 업무를 맡게 된다. 성공적인 옴니채널 리테일링을 구현하기 위해 IT와 로지스틱스가 뿌리 깊게 관여해야 하는 이유에서일 것이다.

Chief Omnichannel Officer라는 새로운 직함을 탄생시킨 메이시스의 결단에 업계의 분석가들은 박수를 보내고 있다. 옴니채널이라는 컨셉을 마케팅 버즈워드buzzword, 유행어 정도로만 치부하는 것이 아니라 내부 조직을 개편할 정도의 중요도로 인식하고 있으며, 여러 채널을 넘나들며 쇼핑하는 요즘 소비자들을 만족시키기 위한 그들의 행보는 그 누가 봐도 진보적이며 창의적이기 때문이다.

리테일 시스템 리서치Retail Systems Research의 매니징 파트너, 니키 베어드는 다른 리테일러들도 메이시스의 이 같은 행보에 동참할 가능성이 높다고 예견하고 있으며, 비즈니스와 테크놀로지를 함께 아우르는 Chief Omnichannel Officer 포지션이 있는 한, 메이시스는 옴니채널 서비스를 보다 효과적이고 효율적으로 제공할 수 있는 위치에 있다고 분석하고 있다.

메이시스의 자연스러운 향후 수순은 아마도 'Customer Experience Officer 포지션을 만드는 것이 아닐까?'라고 리테일 시스템 리서치의 또 다른 매니징 파트너, 폴라 로젠블룸은 예견한다. 어디서 어떻게 쇼핑을 하든 최상의 고객 만족을 이끌어내는 것이 중요하기 때문이다.

혁신적인 결과물을 이루어내기 위해선 혁신적인 사고를 가진 젊은 인재를 채용하는 것 역시 중요하다. 1996년 Macys.com을 출범하여 현재까지 성공적으로 웹사이트를 운영 중인 메이시스는 그들의 경영전략 중 하나로 고급 IT 인재 확보를 꼽는다. "온라인 시장에서 우수 인재를 많이 확보하는 게 핵심 전략"이라고 말하는 테리 룬드그렌 회장은 2009년 2월 미국 내 본사 조직을 뉴욕으로 통합하면서, 온라인사업부는 예외적으로 뉴욕뿐만 아니라 실리콘밸리에도 나누어 배치했다. 실리콘밸리 IT 인재 확보와 온라인 산업의 발 빠른 정보 획득을 위해서이다.

또한 메이시스는 300명이던 온라인 조직을 2011년 700명으로 늘린 데 이어, 2013년 말까지 Macys.com의 조직을 지금보다 두 배로 더 성장시킨다는 목표를 밝힌 바 있다.

월마트는 옴니채널 가동을 위한 IT인프라 구축을 위한 조직 구성에 투자를 아끼지 않고 있다. 월마트는 2011년 4월 소셜 커머스 벤처회사인 코스믹스Kosmix를 3억 달러에 인수하여, 월마트랩스@WalmartLabs를 창설하였다. 월마트랩스는 월마트의 디지털 테크놀로지 부서로, e커머스, 디지털 마케팅, 소셜 커머스 연구 개발을 위한 여러 발상들을 인큐베이팅하고 테스트하는 작업을 한다.

한편, 월마트랩스는 이후 2011년 11월 휴대폰용 포인트 판매 시스템 개발기업인 호주의 그래블Grabble을 인수하는 등 조직 강화에 투자를 아끼지 않고 있다.

경쟁하지 말고 협업하라

자신이 매장의 판매직원이라 가정해 보고 다음 상황을 그려보자.

– 조용하던 매장에 반가운 손님이 입점하였는데, 제품 구매가 아닌 자사의
온라인 숍에서 구입한 제품의 환불을 위해 매장에 온 것이라면?
– 자신의 매장에서 인기리에 팔리던 제품의 재고가 온라인 숍에서 처리된
주문 건으로 쏙 빠져나가게 된다면?

이는 매장 직원들에게는 받아들이기 불편한 상황이 될 수 있다. 마치 온라인 숍이 자신의 매장 매출을 빼앗는 것처럼 느껴지기 때문이다. 또한 이는 매장 직원뿐만 아니라 오피스의 직원들에게도 흔히 느껴질 수 있는 감정이다. 다수의 채널을 운영하는 리테일러의 경우 사내에 여러 채널을 담당하는 부서들이 존재한다. 예를 들면 '오프라인 영업부', '온라인 영업부', '홈쇼핑 및 B2B 영업' 같은 것들이 그 예이다. 그런데 하나의 조직이 여러 부서로 구분되면 각 부서는 서로 자연스럽게 경쟁하기 마련이고, 더욱이 각 부서 내 '영업 실적 달성'이라는 압박 아래, 한 브랜드 내에서 같은 소비자를 두고 온라인 숍과 오프라인 매장이 서로 경쟁하는 웃지 못 할 상황까지 벌어지게 되기도 한다.

채널 간의 간극을 초래하는 이 같은 직원들의 마인드는 옴니채널 리테일링 운영에 있어 최대의 적이다. 사실 판매 회사 측에서 조직 운영의 편의를 위해 채널을 구분하여 관리하지, 소비자의 입장에서는 쇼핑 채널의 구분이 그리 중요치 않다. 따라서 채널 간의 간극 없는 옴니채널 서비스 구현을 위해 회사 조직의 리더는 팀원들이 자신의 업무뿐만

이 아니라 타 채널의 업무를 이해하고, 경쟁이 아닌 동반자의 관계로 서로를 바라볼 수 있는 사고를 심어주는 것이 중요하다.

영국의 존 루이스John Lewis 백화점은 온·오프라인 채널 간의 경쟁심을 타파하기 위해 몇 가지 장치를 도입하였다. 오프라인 매장에서 발생한 온라인 매출은 해당 매장의 성과로 인정하여 주었고, 고객들에게 존 루이스 웹사이트를 활용하도록 권장한 매장 직원들에게 인센티브를 지급해 주었다.

애플의 경우, 온라인과 오프라인 각각의 조직이 세팅되어 있으나, 주요 결정의 순간에 서로 합의하고 협력한다. 애플은 닷컴 열풍이 한창이던 1997년에 온라인 스토어를 론칭했다. 이후 2001년 오프라인 매장이 오픈하면서 애플사는 온라인과 오프라인 채널 조직을 구성하고, 각각의 채널에 최대치의 매출을 올리도록 독려하였다. 초반에는 각각의 조직이 서로 협력할 건들이 많지 않았다. 예를 들면 상품 구색, 신제품 출시, 가격 정책과 관련된 합의 건 정도였다.

하지만 이후 시간이 지나며 고객들은 애플이라는 이름에 걸맞은 테크놀로지를 기대하게 되었고, 이에 부응하기 위해 애플은 두 부서의 협업 강도를 더 높여야 했다. 예를 들면, 소비자의 니즈에 맞춰 '온라인 구매, 매장 픽업 서비스'를 제공하였고, 교차 채널을 통한 제품 반품을 가능하게 하였다. 또한 제품 출시일에 맞추어 매장에서 제품을 구입하기 위해 사전에 온라인으로 제품을 예약하는 시스템을 도입하기도 하였다. 이 같은 일들은 사내의 온라인과 오프라인 채널 팀이 서로 경쟁의 대상이 아닌 '협업의 대상'으로 여겼기에 가능했던 일이다.

메이시스는 매장 직원들을 트레이닝할 시, 옴니채널의 사고로 서비

스하도록 가르친다. 이들이 말하는 '옴니채널의 사고'란 매장에 재고
가 남아 있지 않은 제품일지라도 인벤토리 네트워크 검색을 통해 판매
로 연결시키고, 타 채널에서 구입한 제품을 반품하러 온 고객도 반가
이 응대하는 것을 의미한다.

"매장과 인터넷의 경계가 완전히 허물어지고 있습니다. 따라서
2013년부터 우리는 실적 발표 시, 더 이상 인터넷 채널 성과를 따로 구
분하지 않을 것입니다"라고 메이시스의 CFO 카렌 호게Karen Hoguet는
말한다. 옴니채널 서비스의 리더인 메이시스의 관점에선 더 이상 채널
의 구분은 무의미하기 때문일 것이다.

당신은 오프라인 매장에 온라인 숍과 블로그 페이지 등을 추가로 개
설만 하면 매출이 두세 배로 늘 것이라 착각하지는 않았는가? 매장에
아이패드 몇 대만 비치하면 첨단 매장으로 거듭날 것이라 착각하지는
않았는가? 중구난방으로 채널과 가젯gadget만 늘리지 말고 이젠 이들
을 관리할 때이다. 이들을 서로 코디네이팅하여 유기적으로 결합시킨
옴니채널 서비스를 시작할 때이다.

옴니채널 서비스의 핵심이라 할 수 있는 온 · 오프라인 서비스의 융
합을 위해선 보이지 않는 곳에서의 빈틈없는 밑작업이 요구된다. 예컨
대 매장 내에서 품절된 상품을 고객이 스마트폰 앱을 통해 주문할 수
있는 편리함을 제공하는 것이 말로는 쉽게 들리지만 그 이면에는 매장
내 인터넷의 공급, 자사 웹사이트의 모바일 최적화, 스마트폰 앱의 개
발, 온 · 오프라인 재고 목록의 실시간 가시화 작업 등의 수많은 밑작
업들이 요구된다는 것이다. 이 같은 인프라의 구축과 원활한 오퍼레이
션을 위해선 영업 · 마케팅 · IT · 물류 등의 탄탄한 조직이 뒷받침되

어야 하고, 부서 간의 공동체의식과 협업은 필수이다.

메이시스는 2009년에 옴니채널의 명확한 비전을 머릿속에 그린 후 옴니채널 인프라 구축의 첫 삽을 뜨기 시작하였고, 4년이 지난 지금 매출에 성과를 거두고 있다. 리테일러들이여, 살아남으려면 '옴니채널'로 리테일링하라. 성공적인 옴니채널 리테일러가 되고 싶다면 머릿속에 큰 그림을 그리고 하나하나 만들어 나가자.

버버리의 구원투수
크리스토퍼 베일리의
창의적인 옴니채널 서비스

"왜 럭셔리 브랜드가
배타적이어야 하나요?
요즘은 후드티를 입은 아이들도
명품매장을 스스럼없이
들어옵니다. 또 압니까?
그들이 억만장자일지."

– 버버리 CCO 크리스토퍼 베일리

명품으로 승승장구 하던 브랜드 버버리는 항상
똑같은 체크무늬의 진부함에 빠져 소비자의 외면
을 받았던 시기가 있었다. 이 같은 침체기에 버버리
는 마치 프로야구의 선동열 선수처럼 팀을 살리는 구
원투수를 맞이하게 되는데, 그가 바로 디자이
너 크리스토퍼 베일리Christopher Bailey다.

그는 2001년 버버리 프로섬 라인의 디자이너로 영입된 후, 현재 CCO Chief Creative Officer, 크리에이티브 총괄 책임자로서 패션 디자인, 광고 비주얼, 매장 디자인 등 버버리의 모든 창작물을 감독하고 있다. 그는 18세기부터 이어온 버버리의 헤리티지를 21세기 버전으로 가다듬어 젊은 세대의 지지를 얻는 데 기여하였고, 그 덕에 부진하던 버버리의 매출은 그가 입성한 지 10년이 조금 지난 지금 4배로 껑충 뛰어오르는 기적을 만들게 된다.

창의성을 필요로 하는 많은 직업들이 있다. 그중에서도 '디자이너'란 직업은 창의성을 무한대로 요구하는 직업 중 하나다. 창의적 DNA로 충만했던 베일리는 버버리의 제품뿐 아니라 제품을 둘러싼 환경까지도 창의적으로 변화시키는 데 기여한다.

패션쇼는 왜 초대받은 사람들만의 잔치인가?

베일리가 학생이었던 시절, 그의 아버지는 아내를 위한 명품 시계를 사주고 싶어, 베일리에게 대신 시계를 사오도록 부탁한다. 그 시절, 명품을 사는 것은 그의 가족에게 흔치 않은 일이었기에, 명품 매장에 들어가서 어머니를 위한 선물을 고르는 일은 아름다운 경험으로 기억될 줄로만 알았다. 하지만 그것은 그에게 최악의 경험으로 남았다. 쇼핑 당시 자신이 그곳의 분위기와 어울리지 않는 옷을 입고 있고, 사투리 억양을 쓰고 있다는 생각에 기가 죽어 제대로 쇼핑을 할 수 없었기 때문이다.

어린 시절의 이 같은 경험은 그가 전통적인 패션 브랜드에 창의적 접근을 할 수 있게 하는 사건이 된다. 일례로 그의 감독하에 진행된 '트 윗워크Tweetwalk' 프로젝트는 브랜드를 대하는 그의 창의적 태도를 느낄 수 있는 좋은 사례이다.

트윗워크는 패션쇼에서 모델이 캣워크에 오르기 전 백스테이지 의상들을 트위터에 미리 공개하는 이벤트로, 이를 통해 트위터에 접속한 사람들은 패션쇼장에 초대된 사람들보다 먼저 런웨이 의상을 엿볼 수 있게 한 것이다. 또한 럭셔리 브랜드 최초로 자사 웹사이트, 페이스북, 유튜브 그리고 매장 스크린(리테일 시어터)을 통해 패션쇼를 라이브 스트리밍하여 대중이 함께 런웨이를 감상할 수 있게 하였다. 패션쇼를 오직 초대장을 받은 귀빈들만의 잔치가 아닌 대중이 함께 즐길 수 있는 엔터테인먼트로 승화시킨 덕에, 현재 버버리를 팔로우한 트위터 팬은 200만에 육박하고, 페이스북 페이지를 '라이크'한 팬은 1,500만 명에 달하여 업계 최고 수준을 자랑한다. 이는 최근 버버리가 행하는 배타가 아닌 포용 전략의 결과물이라 할 수 있다.

브랜드를 경험하게 하는 방법?
온라인 플랫폼 혹은 어쿠스틱을 통해서도 가능하다

2006년 어느 날, 베일리는 버버리의 CEO 안젤라 아렌츠와의 점심식사 후 레스토랑 냅킨에 버버리의 멀티채널 플랫폼 구축을 위한 아이디어를 스케치한다. 이는 럭셔리 브랜드의 문턱을 낮추어 사람들이 부담 없이 브랜드에 접근할 수 있게 하는 채널 구축의 청사진이 되었고, 이후 디지털 기술과 만나 옴니채널 서비스로 승화되어 구현되기에 이른다.

버버리는 온·오프라인 그리고 모바일 채널을 열어두어 고객들이 언제 어디서든 원하는 시점에 제품을 구매할 수 있게 할 뿐만 아니라, 페이스북, 트위터, 유튜브, 인스타그램 등의 디지털 플랫폼을 동시에 활용하여 자사의 콘텐츠들이 보다 널리 공유되고 소통될 수 있게 한다. 또한 버버리가 온라인에 게시하는 감각적 음악들은 젊은이들의 트래픽을 유도하는 또 하나의 수단이 되기도 한다. 패션만큼이나 음악을 사랑하는 베일리는 사내에 소규모의 음악부서를 창설하여 브랜드 운영에 수반되는 음원들을 자체적으로 관리하도록 할 뿐만 아니라, 2010년 영국의 신예 뮤지션들을 발굴해 후원하는 '버버리 어쿠스틱' 프로그램을 론칭하여 젊은 고객층을 끌어들이는 데 활용하고 있다.

온라인 콘텐츠를 오프라인 매장에서도
경험하게 할 수 있을까?

베일리는 제품의 디자인 컨셉에 따라 포장지, 매장 전시, 광고 필름 하나까지 일관된 분위기로 맞추고자 노력한다. 이 같은 그의 성향은 온·오프라인 유통채널 디자인에도 지대한 영향을 끼친다.

버버리는 지난 2006년에 론칭한 자사의 e커머스 채널인 버버리닷컴에 온 에너지를 쏟아부었다. 그 덕에 현재 고객들은 버버리닷컴을 통해 제품을 구입할 수 있음은 물론, 버버리 비스포크 서비스를 통해 나만의 맞춤형 트렌치코트를 제작하기도 하고, 패션쇼 및 버버리 어쿠스틱의 음악과 비주얼을 감상할 수도 있다.

그러나 몇 년 전, 버버리는 한 가지 사실을 깨닫게 되었다. 이같이 풍부한 콘텐츠들을 고객은 오직 온라인 플랫폼을 통해서만 경험할 수 있다는 것이었다. 그래서 이들은 오프라인 매장에 온라인 콘텐츠를 그대로 들여오는 모험을 감행했고, 덕분에 고객들은 최근 오픈되고 있는 플래그십 스토어에서 마치 버버리닷컴을 방문한 것과 같은 느낌의 매장을 경험할 수 있게 되었다. 그리고 이 최신 버전의 플래그십 스토어는 버버리의 디지털 월드인 버버리닷컴을 현실세계에서 생생하게 경험할 수 있게 해주는 매장이라는 의미로 '버버리 월드 라이브 Burberry world live'라는 별칭이 붙었다.

버버리 월드 라이브에는 초대형 디지털 화면과 수백 개의 음향 스피커가 설치되어 있어 실감나는 패션쇼의 실시간 중계가 가능하고, 버버리 어쿠스틱 공연과 같은 이벤트를 펼치는 무대로 활용되기에 손색이 없다. 버버리닷컴의 디지털 툴을 활용해 나만의 맞춤형 트렌치코트를 제작하는 버버리 비스포크 서비스를 매장에서도 동일하게 경험할 수 있게 하였고, 피팅룸에 설치된 매직 미러는 고객이 거울에 비춘 제품을(제품에 부착된 RFID칩을) 인식한 후, 해당 의류의 캣워크 영상 등을 재생해 고객의 쇼핑에 유용한 팁이 된다. 이처럼 버버리 월드 라이브는 현실세계와 디지털의 결합으로 고객들이 아날로그 감성과 디지털의 편리함을 동시에 누리기에 부족함이 없다.

버버리 월드 라이브에는 별도의 계산대가 없다. 대신 매장 직원들이 아이패드와 카드 단말기를 소지하여 고객이 줄을 설 필요 없이 언제 어디서든 편리하게 계산을 할 수 있게 하였다. 또한 고객은 매장 내 소파에 편히 앉아 아이패드로 버버리 웹사이트에 접속해 자신의 계정에 보관된 개인 자료(장바구니 등)를 검색하기도 하고 온라인 주문을 하기도 한다. 이처럼 내 집의 소파에서 쇼핑하는 듯한 편안함은 버버리 월드 라이브의 또 다른 장점이라 할 수 있다.

최근 버버리 관련 뉴스를 살펴보면, 이들의 패션에 대한 뉴스보다 이들이 행하는 테크놀로지 혁신에 대한 뉴스가 더 많이 보도되고 있다. 뉴욕대학 스턴 비즈니스 스쿨의 싱크탱크 L2에서 패션 브랜드 중, 2년 연속(2011, 2012년) 디지털 IQ지수 1등의 자리를 거머쥐는가 하면, 유저 익스피리언스 에이전시 웹크레더블Webcredible의 조사에서 최고의 옴니채널 서비스를 선사하는 리테일러 1위로 선정되기도 하였다. 이는 그동안 버버리가 디지털 플랫폼을 통해 구축해온 창작물들을 오프라인 매장에 그대로 들여오고자 하는 노력에서 빚어진 자연스러운 결과물이 아닐까?

OFFLINE
STORE

고객서비스
전략

쇼핑의 방해 요소를
제거하라

① 고객의 고충을 제거하라

아기 때문에 외출이 힘든 주부 D 씨. 아기가 잠시 낮잠을 자는 시간을 이용해 컴퓨터를 켜고 온라인 쇼핑몰에서 아기용품을 구입하고자 한다. 원하는 제품을 고른 후 구입하려는데 과정이 만만치 않다. 구매를 위해 회원가입을 하는데 뭐 이리도 물어보는 게 많은지, 주민등록번호에 집 주소에 집 전화번호, 휴대폰번호, 기타 등등의 번잡한 질문들. 밀려오는 짜증을 감내하며 힘겹게 회원등록을 마치고 드디어 카드 결제를 진행하려니 이젠 또 접속을 위해 보안프로그램을 설치하라는 창이 뜬다. 프로그램을 설치하는데 왜 자꾸 오류가 나는지. 컴퓨터를 껐다 켰다 반복한 끝에 겨우 보안프로그램 설치가 완료되고 드디어 카드 결제를 시도한다. 하지만 신용카드 결제를 위해 입력해야 할 숫자가 줄잡아 27여 개나 된다(카드번호 16자리, 카드 유효기간 숫자 4자리, CVC번호 3자리, 비밀번호 4자리). 숫자 하나하나 타이핑하고 있는 찰나에 잠들었던 아기가 깨서 울며불며 엄마를 찾는다. 결국 D 씨는 진땀만 빼고 제품 구매도 못하고 인터넷 쇼핑을 중단하게 된다.

많은 주부들이 한번쯤 겪어봤을 상황이다. 어렵게 시간을 내어 쇼핑을 하고자 했지만 결국 시간만 허비하고 쇼핑에 실패하고 만 D 씨의 사연도 안타깝지만, 온라인 쇼핑몰 또한 안타깝게도 D 씨에게 제품을 판매할 기회를 놓쳤다. 이같이 진땀 빼는 상황을 소비자가 경험하도록 그냥 방치하는 것은 진땀의 양만큼 판매 기회를 잃을 수도 있음을 의미한다.

하지만 이 같은 쇼핑의 방해요소를 일찌감치 감지하고, 단순히 클릭 한 번만으로 주문에서 배송까지 한 번에 끝낼 수 있는 '원클릭' 결제 시

스템[4]을 고안한 '아마존닷컴amazon.com'은 특유의 고객 위주의 운영으로
세계 최대의 인터넷 서점이자 인터넷 소매업체로 성장할 수 있었다.

불편함을 제거하여 좀 더 편안한 쇼핑이 될 수 있도록 노력한 아마
존닷컴의 노력과 결실은 다른 온라인 리테일러에게도 자극제가 되어
벤치마킹하게 하고, 스스로 진화하게 만들었다. 온라인 쇼핑몰이 웹상
에서 좀 더 편한 쇼핑 환경을 조성하여 고객을 끌어 모은다는 것은 그
만큼 오프라인 매장의 고객이 온라인 마켓으로 이동할 수도 있음을 의
미한다. 따라서 고객 이탈을 막기 위해선 오프라인 매장 역시 고객 중
심의 매장 환경으로 거듭나는 것이 중요하다. 혹시 당신의 매장은 고
객 중심이 아닌 판매자 중심으로 운영되고 있지는 않은가? 이번 장에
서는 쇼핑 여정 중에 겪게 될지도 모르는 고객의 불편함을 제거한 후
혁신적인 대안을 마련한 리테일러의 사례들을 살펴보고자 한다.

저자가 회사를 다니며 경험한 부하직원들의 특징은 크게 두 가지로
분류된다. 첫째는 항상 친근하고 상냥한 직원이다. 표정이 밝고, 부탁
하지 않은 커피도 센스 있게 챙겨 뜻밖의 감동을 주기도 하고, 상사를
기분 좋게 만드는 칭찬의(혹은 아부의) 멘트도 잘한다. 둘째 부류는 사
람을 기분 좋게 만드는 기술은 부족하지만 그보다 회사에서 자신에게

---

4 아마존사의 원클릭 기술: 온라인상에서 고객이 물건을 받을 주소 및 개인 정보에 관한 데이터를
  저장해두고, 물건을 살 때마다 이 정보를 새로 입력할 필요 없이 간단하게 접속시키는 기술. 즉,
  다시 엔터키를 치거나(reenter) 재확인(reconfirm) 과정이 필요 없고, 단지 한 번의 마우스 클릭
  (1click)만으로 선택한 아이템을 구매할 수 있도록 도와주는 기술이다. 이는 쿠키(Cookie)를 이용
  한 것으로 이 특허를 활용해 인터넷상에서 상품을 구입할 때, 주문절차를 간략히 할 수 있는 것과
  동시에 크레디트 카드 등의 개인정보를 다시 입력할 필요가 없다는 효과가 있다. 인터넷 최대 서
  점인 아마존은 1997년부터 원클릭 기법을 개발하였고 이후 아마존뿐 아니라 대부분의 인터넷업
  계에서 이 기술을 이용해 왔다(네이버 지식백과 참조).

기대하는 역할에 충실하고 묵묵히 자신의 일을 수행하는 사람이다. 물론 두 부류의 장점을 모두 갖춘 직원이 있다면 그 이상 바랄 게 없다. 그러나 만약 두 부류 중 하나만 고르라고 한다면 필자는 서슴없이 후자를 택할 것이다. 본인을 기분 좋게 만드는 부하직원의 서비스도 좋지만, 그보다는 묵묵한 업무수행으로 상사의 버거운 업무의 짐을 덜어주어 회사 생활을 좀 더 편하게 만들어주는 직원이 더 필요하기 때문이다. 이 같은 감정의 이끌림은 직장 상사와 부하직원 관계의 예처럼 리테일러와 고객 간의 관계에서도 성립될 수 있다.

《하버드 비즈니스 리뷰》에 실린 '고객들에게 기쁨을 주기 위한 노력을 멈춰라Stop Trying to Delight Your Customers'라는 제목의 기사는 흥미로운 실험 결과를 보여준다. 고객을 상대로 하는 많은 기업에서는 일반적으로 고객만족도가 높을 때 고객충성도도 비례할 것이라 생각한다. 하지만 실험결과 둘 사이의 관련성이 그리 높지 않은 것으로 나타났다. 그러면 고객의 충성도를 높이기 위한 가장 중요한 요소는 무엇일까? 그것은 바로 회사가 얼마나 고객의 문제를 빠르고 쉽게 해결하도록 돕느냐이다. 고객은 기분 좋은 서비스를 받아 그것에 보답하려는 성향보다는, 기본적인 서비스가 형편없을 경우 그것을 응징하려는 성향이 더 강하기 때문이다. 따라서 기업은 자신들이 제공해야 할 기본에 먼저 충실하고, 고객이 겪을지 모르는 고충을 미리 헤아리고 사전에 개선해, 고객이 소모해야 할 시간과 노력의 양이 최소한이 되게 하는 것이 중요하다. 혹시 당신은 화려한 겉모습의 서비스 개발에만 몰두하지는 않았는가? 그 이전에 고객의 기본적인 불편함 제거에 발 벗고 나서 보자. 그것이 고객의 충성도를 쌓는 지름길이다.

❷ 선택의 고민에서 해방시켜라

콘텐츠 과잉과 스트레스, 선택의 폭을 줄여라

　TV 속 프로그램 진행자들은 요즘 진행하면서 시청자들에게 "채널 고정!"이라는 애교 섞인 부탁의 멘트를 자주 한다. 이는 우리나라에 지상파 채널 몇 개만 존재하던 시절에는 좀처럼 듣기 힘든 말이었다.

　케이블TV 채널이 생겨나고 우리가 선택할 수 있는 TV 채널은 100여 개가 훌쩍 넘어, 예전에 비해 볼거리가 풍성해지기는 하였지만 반대로 부작용도 뒤따르게 되었다. 다른 채널에서 더 재미있는 프로그램이 하는 건 아닌지 수시로 리모컨을 누르기도 하고, 수십여 개의 채널을 다 돌려 봐도 딱히 맘에 드는 프로그램을 골라 채널을 고정하기가 쉽지 않은 모습이 마치 노이로제 환자 같기도 하다.

　디지털 기기와 정보통신의 발달은 우리가 유용한 정보들을 쉽게 접할 수 있도록 만들어 주었지만 반면에 정보의 과잉 공급으로 부작용을 양산하고 있기도 하다. SNS의 소셜 데이터, 각종 웹사이트와 뉴스레터들을 통해 쏟아지는 정보는, 틈날 때마다 수시로 스마트폰을 들여다보지 않으면 안 되게 만들고, 실시간 업데이트되는 정보들을 따라잡지 못하면 불안해지기도 한다. 별로 보고 싶지 않은 정보들이 툭 튀어나와 스트레스를 받기도 하고, 다양한 경로로 물밀 듯이 쏟아지는 정보들로 인해 과부하에 걸리기도 한다. 인간에게 적정량 이상으로 영양이 공급되면 소화 흡수의 불균형으로 비만에 걸리듯, 아무리 유용한 정보라도 소비할 수 있는 적정량 이상이 되면 우리의 사고체계도 비만에 걸리고 만다. 그리고 이는 결국 무엇이 옳고 그른지 판별하는 인간의 사고를 마비시키고 고도의 스트레스를 유발한다.

우리는 공급 과잉의 시대에 하루에도 여러 번 선별과 선택을 요하는 상황에 놓이게 된다. 이메일을 보기 위해 로그인하면 수많은 메일 중 무엇이 진짜 정보인지를 선별하여 선택적으로 읽어야 하고, 점심시간에는 수많은 메뉴 중 뭘 선택할지 고민해야 한다. 식사 후 들른 커피숍에서 커피를 마실지, 티를 마실지, 커피로 정했다면 또다시 수많은 커피 종류 속에서 무얼 택할지 갈팡질팡한다. 슈퍼마켓에서도 역시 수많은 선택지들 앞에 놓인다. 다 똑같이 콩으로 만든 두부이고, 다 똑같이 닭의 배 속에서 나온 달걀일 텐데 브랜드와 종류에 따라 수십 가지가 진열되어 있어 도무지 어떤 기준으로 제품을 골라야 할지 난감하다.

흔히 공급이 풍부하여 선택의 폭이 넓은 것이 좁을 때보다 만족감이 더 클 거라고 생각한다. 정말 그럴까? 심리학자이자 필라델피아 스워스모어대학의 사회이론 및 사회행동학 교수인 배리 슈워츠Barry Schwartz는 선택의 여지가 많은 것이 더 좋거나 더 큰 만족감을 가져다주는 것은 아니라고 말한다. 그는 자신이 저술한 『선택의 파라독스The Paradox of Choice』(국내에서 『선택의 심리학』이라는 제목으로 출간)라는 책에서 한 논문에 실린 재미있는 실험을 언급한다.

한 슈퍼마켓에 잼의 시식 코너를 마련한다. 한 테이블에는 6개의 잼을 시식할 수 있게 하였고, 또 다른 테이블에는 24개의 잼을 시식할 수 있게 하였다. 과연 사람들은 어느 곳에서 잼을 더 많이 샀을까? 24종의 잼을 맛볼 수 있는 테이블에서 더 잼을 많이 팔았을 것 같지만 결과는 반대였다. 6종 잼 시식코너의 구매율은 30%였지만, 24종 잼의 시식코너는 구매율이 오직 3%밖에 되지 않았다.

이 실험은 선택의 폭을 좁게 제한했을 때가, 선택의 폭이 넓은 경우에 비해 구매율이 무려 10배 더 높다는 흥미로운 결과를 보여준다. 이와 관련해 슈워츠 교수는 "선택의 폭이 넓은 것이 소비자의 구매욕을 떨어뜨릴 수 있다"고 얘기한다. 선택의 폭이 넓어지면 그중 하나를 선택해야 하는 중압감에 시달리는데, 그 속에서 고객은 결정을 내리는 것을 포기하고 결국 그 상품을 그냥 지나쳐 버리게 되는 것이다.

큐레이터, 선별을 부탁해!

공급의 과잉 현상으로 인해 결국 자신이 원하는 것들만을 필터링해 주는 큐레이션의 필요성이 대두되었다. 큐레이션이란 미술관에 있는 큐레이터의 업무 아닌가? 일반적으로 미술관의 큐레이터는 자신의 지식과 감각을 동원해 세심히 작품을 수집하고, 기획의도에 맞게 작품들을 분류하고 배열하여 전시한다. 그리고 전시회의 관람자들은 이렇게 큐레이션된 작품들을 통해 전시회가 전달하고자 하는 스토리와 감성들을 경험하게 된다. 이렇듯 일찍이 미술관과 박물관에서 사용하였던 이 큐레이션이라는 단어는 최근 '다른 사람이 만들어놓은 콘텐츠를 목적에 따라 통찰력 있게 걸러내고 선택하여 새로운 가치를 부여하여 공급한다'는 넓은 의미로 활용되고 있다.

사실 그동안 우리가 큐레이션이라 지칭하지 않았을 뿐이지 큐레이션의 개념은 예전부터 다양한 분야에 존재하였다. 또한 예술품뿐만 아니라, 음악, 디지털 정보, 제품 등 모든 콘텐츠들이 큐레이션의 대상이 된다.

다양한 뉴스사로부터 뉴스를 수집, 재배열하여 공급하는 포털 뉴스 편집자, 음악을 테마에 맞게 선곡하여 들려주는 DJ, 간부를 찾는 수많은 전화 혹은 방문자들을 필터링하여 꼭 필요한 용건들만 전달하는 비서, 수많은 제조업자들이 공급하는 제품들 중 매장에서 판매할 제품을 선별하여 유통하는 상점주인(바이어 혹은 머천다이저)……. 이들은 모두 다른 직업명을 가지고 있지만 공통적으로 큐레이션 업무를 수행하는 사람들이다.

요즘 큐레이션의 개념은 특히 정보가 범람하는 디지털 세계에서 SNS와 온라인 커머스가 접목되어 새로운 유통 비즈니스로 진화하고 있다. 현재 가장 유명한 소셜 큐레이션 플랫폼 서비스 중 하나로 꼽히는 핀터레스트닷컴pinterest.com은 인터넷에 떠도는 수많은 이미지들 중, 개인적으로 흥미롭다고 생각하는 이미지들을 수집하여 자신의 온라인 보드에 핀pin으로 꽂아 공유하는 이미지 기반의 SNS이다. 자신의 취향과 목적에 따라 온라인 보드에 핀으로 꽂아 놓은 큐레이션들은 자신을 표현하는 수단이 되기도 하고 반대로 다른 사람들의 큐레이션을 서핑하거나 팔로잉하면서 영감을 얻기도 한다. 이같이 큐레이션된 이미지들의 일부는 e커머스와 결합하여 세일즈의 조력자 역할을 하기도 하는데, 핀터레스트 이용자의 21%가 실제로 사이트에 게시된 이미지를 보고 해당 제품을 구매한 적이 있다고 한다(온라인 가격 비교 사이트, 프라이스그래버PriceGrabber의 리서치 결과).

최근 미국의 대표적인 큐레이션 커머스 쇼핑몰 중 하나인 팹닷컴fab.com은 2011년 6월 처음으로 선보인 이래 많은 사람들에게 디자인 제품을 선별하는 탁월한 감각을 인정받아 설립 1년 만에 1억 달러 상당의 매출액을 기록하고, 설립 이듬해에 독일에 진출하는 등 급성장을 보이고 있다. 예를 들어 온라인에서 머그컵을 구입하고자 할 때 팹닷컴의 회원들은 수십 개의 쇼핑몰이 제안하는 수천 개의 머그컵 제품들 속에서 갈팡질팡하지 않는다. 그들은 단순히 팹닷컴만을 방문하여 그들이 제안하는 몇 가지 제품 중에서 하나를 고르는 식이다. 팹닷컴은 특유의 디자인적 안목으로 제품을 큐레이션하고, 그들의 안목을 인정하는 고객들은 망설임 없이 팹닷컴에서 구매를 결정하는 것이다.

공급이 수요를 훌쩍 뛰어넘어 제품이 넘쳐나는 세상이 도래했다. 이제는 무작정 많은 제품을 제공하는 것이 아닌 엄선된 콘텐츠와 제품만을 유통하는 것이 새로운 비즈니스의 차별화 전략이 되고 있다.

이제부터 소개하고자 하는 스튜 레너드, 트레이더 조, 그리고 코스트코의 경우는 세심하게 큐레이션된 제품만을 공급하여 비즈니스에 차별화를 주는 슈퍼마켓들이다. 세심한 큐레이션으로 소품종만을 공급하는 전략은 리테일러와 고객의 입장에서 모두 긍정적인 영향을 끼친다.

먼저 리테일러 입장에서 살펴본 장점은 제품 관리가 수월해지고 제조업자와 협상에 유리하다는 점이다. 수많은 제품들을 취급하다 보면 조달, 창고 저장, 물류, 매장 관리 등의 여러 측면에서 신경 쓸 일이 많아지게 되는데, 품목이 적으면 이 모든 관리가 한결 수월해진다. 또한 제품당 회전율이 높아져 대규모로 제품을 바잉 buying 하는 조건으로 더 싼 가격의 협상이 가능해진다. 예를 들어 트레이더 조에서는 10가지의 땅콩버터를 판매하나 다른 대형 마트에서는 40여 가지의 땅콩버터를 판매한다. 모든 매장에서 1주일에 약 40개의 땅콩버터가 팔려나간다고 가정했을 때, 트레이더 조는 종류당 4개가, 다른 마트에서는 종류당 1개의 제품만이 팔린 꼴이 된다. 따라서 제품당 회전율이 높아 대량으로 물량을 구입하여, 더 싼 가격에 소비자들에게 공급할 수 있게 된다.

두 번째로, 고객의 입장에서 바라본 장점은 상대적으로 저렴한 가격에 제품을 구입할 수 있다는 점과 수많은 제품들 속에서 제품을 찾아 헤매고 또한 그 안에서 선택을 감행해야 하는 고뇌를 경감시켜 준다는 점이다.

동종업계의 타 매장에선 고객들이 '최고'의 제품을 찾기 위해 수많은 제품 속에서 허우적대며 스트레스를 감내해야 한다면, 이들 매장은 선별된 제품만을 소품종으로 고객에게 제안하여 고객들이 제품 더미 속에서 길을 잃지 않게 만든다. 제품 수가 적은데도 고객들이 별 불만 없이 오히려 더 큰 만족감에 쇼핑할 수 있는 것은 '통찰력'과 '신뢰'가 바탕이 되기 때문이다. 매장은 통찰력 있는 소수정예의 큐레이션으로 고객들의 신뢰를 쌓아 왔고, 이를 바탕으로 고객들은 편안히 쇼핑을 즐길 수 있기에 이들 슈퍼마켓의 쇼핑은 노동이 아닌 즐거움이 된다.

또한 제품 수가 적으면 매출이 낮지 않을까 생각할 수도 있겠지만 이들의 매장당 평균 영업 매출은 업계 최상위 수준을 자랑한다. 자, 그럼 지금부터 이들이 어떻게 선택의 폭을 줄이고 이를 통해 고객의 만족도를 높였는지 이들의 비결을 들여다보자.

● 고객의 고뇌 해결사, 스튜 레너드 슈퍼마켓

'고객은 항상 옳다'라는 고객서비스 정책 아래 최상의 고객 만족을 위해 솔선수범하는 슈퍼마켓, ≪포천 Fortune magazine≫이 선정한 미국에서 가장 일하기 좋은 기업 100위 안에 10년 연속 순위에 오른 슈퍼마켓, 미국 식료품점의 단위 면적당 최고의 매출로 기네스북에 오른 슈

RULE 1. 고객은 항상 옳다! RULE 2. 만약 고객이 옳지 않다면 RULE 1을 다시 보라.
* 출처: stewleonards.com의 프레스룸 자료

퍼마켓. 이는 1969년 미국 코네티컷 주의 노워크라는 도시에서 7명의 종업원과 함께 단출하게 유제품 상점으로 시작했다가, 지금은 4곳의 체인으로 연매출 3억 달러를 훌쩍 넘고, 2천여 명의 종업원을 거느린 대형 슈퍼마켓으로 성장한 스튜 레너드Stew Leonard's를 형용하는 수식어이다.

보통의 대형 슈퍼마켓은 약 4만~5만여 종의 제품을 매장에 진열하여 판매한다고 한다. 하지만 스튜 레너드는 오직 2,200여 개의 아이템만을 엄선하여 고객에게 제공해 선택의 여지를 줄이고 고객의 고뇌를 감소시킨다. 또한 최상의 품질과 저렴한(동종업계 대비 10~15% 싼) 금액의 제품으로 고객에게 어필한다.

대부분의 슈퍼마켓은 최대한 많은 제품을 고객에게 선보이기 위해 매장의 크기가 허락하는 한 최대치의 제품을 구비하여 매장에 진열하려고 노력하는 경향이 있다. 그러나 일 년을 통틀어 각 가정에서 구매하는 제품은 정작 300~400여 가지밖에 되지 않으며 그중에 절반 정도만 다달이 주기적으로 판매된다고 한다. 이 점을 간파한 스튜 레너드는 매장에 단 2,200여 가지만 엄선하여 판매하고 있다.

계산을 해보면 2,200가지 아이템이라고 해도 가정에서 평균적으로 구매하는 아이템 수의 열 배가 넘는 충분한 숫자다. 다르게 생각하면, 2,200종의 아이템은 우리가 일반적으로 구입하는 아이템을 10개 옵션으로 제공할 수 있는 숫자인 셈이다. 그리고 더 중요한 것은, 고객들이 원하는 제품을 찾기 위해 4,000~5,000여 종의 제품들 사이에서 헤맬 필요가 없게 해줌으로써 소비자의 '고뇌'를 감소시켜 준다는 점이다. 이같이 스튜 레너드는 고객을 위해 거대한 '선택'을 감행하였고, 유제품과 신선제품에 판매를 '집중'하였다. 그리고 고뇌 없이 쇼핑을 즐길 수 있었던 고객은 거대한 구매량으로 매장에 보답하는 결과를 낳았다.

● 소품종으로 재고 없이, 회원제 창고형 할인마트 코스트코

미국 5위 소매기업인 코스트코Costco Wholesale Corporation 역시도 양질의 소품종으로 고객의 선택의 고뇌를 덜어주는 슈퍼마켓 중 하나이다. 유통업계의 '스티브 잡스'로 불리는 코스트코의 창업자 짐 시네갈은 국내의 한 신문사와의 인터뷰에서 이렇게 얘기하였다.

"월마트는 14만 개 아이템을 진열해 놓지만 우린 4천 개만 판다. 품목별로 가장 품질 좋고, 값이 싸며, 큰 사이즈 하나만 제공하는 것이다. 비슷한 제품 4~5개를 고객이 고르다가 결국 안 사가는 것보다, 확실한 제품 하나가 잘 팔리는 게 낫다. 이런 방식으로 코스트코는 1년에 재고가 13차례 소진된다. 월마트 등 경쟁기업은 연간 9차례 재고가 소진된다. 재고 없이 끊임없이 팔아치우는 게 우리의 힘이다."

창업자가 밝힌 코스트코의 머천다이징 철학을 한마디로 정리하면 그것은 바로 '단순함'이다. 복잡함을 좋아하지 않는 인간의 성향을 간파한 의도된 전략이라 할 수 있다.

마케팅 컨설턴트인 팸 댄지거Pam Danziger는 이렇게 얘기한다.

"코스트코에는 오직 한 종류의 케첩만을 판매합니다. 이는 사람들이 수많은 종의 케첩 속에서 선택을 감행할 필요가 없게 해줍니다. 코스트코는 고객들을 위해 제품의 종류를 사전에 편집하여 준 것이고,

고객은 이들의 편집 작업에 비용을 지불한 셈입니다.”

코스트코가 취급하는 4천 종의 4분의 3인 3천 종은 ‘트리거 trigger’라 불리는 일상제품들로 구성된다. 식재료나 화장지, 샴푸와 같은 것이 트리거 제품에 해당된다. 그리고 나머지 4분의 1인 1천 종은 ‘트레저 treasure’라 불리는 제품들로 이루어진다. 까르띠에 시계 혹은 프라다 핸드백 같은 것들이 보물찾기처럼 매장의 선반에서 문득 발견될지 모른다. 트레저 제품들은 보통 일회성의 한정수량으로 제공되는 것들이라 고객은 맘에 드는 제품을 발견하면 지금 아니면 놓칠 수 있다는 생각에 서둘러 구매를 결정하기도 한다.

월마트 등 대형할인점의 경우 보통 20~25%의 마진을 붙이지만 코스트코는 마진 15% 이하를 엄수하여 값싸게 제품을 공급하는 것을 원칙으로 삼고, 대신에 포장 단위를 대형화하여 매출 볼륨을 높여 낮은 마진을 커버한다.

코스트코는 이처럼 싸지만 질 좋은 제품들로만 엄선한 트리거와 트레저 제품을 통해 고객에게 쇼핑의 기쁨을 전달할 수 있었고, 그 덕에 미국발 금융위기 후 위축된 경제상황에서도 선전할 수 있었다. 2010년에는 9%, 2011년에는 14%, 2012년에는 11.5%의 매출 성장률을 기록한 코스트코는 ≪포천≫이 선정하는 매출액 기준 500대 기업 랭킹에서 전년 28위에 이어 2012년에는 매출액 889억 달러로 24위로 상승하기도 하였다.

● 유기농 슈퍼마켓, 트레이더 조

트레이더 조는 자신의 주 고객층을 '아주 낡은 볼보 자동차를 모는 실직한 대학교수'로 정의한다. 다시 말해서, 트레이더 조의 타깃 고객은 교육수준이 높고, 겉치레보다는 내실을 중요하게 생각하며 실속 있는 소비를 하는 사람들이다. 해외 생활 혹은 여행 경험이 많아, 외국에서 맛보았던 다문화 음식들에도 상당한 호감을 가진다.

이렇게 트레이더 조의 모든 직원들은 타깃 고객의 여러 성향들을 '아주 낡은 볼보 자동차를 모는 실직한 대학교수'라는 압축된 이미지로 머릿속에 새긴 채, 그 이미지의 대상이 좋아할 법한 제품들로 큐레이션하고, 제품을 패키징하고, 고객을 서비스하며, 매장을 디자인한다.

제품 바이어들은 고객이 좋아하는 것과 싫어하는 것을 명확히 인지하고 있기에 제품 카테고리별로 여러 선택의 옵션들을 장황하게 구비하여 진열해 놓지 않는다. 고객이 좋아할 만한 것들만 골라서 제품들을 공급하기에 매장의 취급품목 수는 다른 대형 마트들의 10분의 1 수준인 4천 개밖에 되지 않는다. 이렇게 적은 제품 수에도 트레이더 조의 고객들은 크게 개의치 않는다.

트레이더 조의 전 직원은 한 매체와의 인터뷰에서 이렇게 이야기했다.

"트레이더 조가 오직 한 종류의 그리스 올리브를 판매한다 하더라도 트레이더 조의 고객들은 기꺼이 받아들입니다. 그것이 트레이더 조가 찾은 가격 대비 최상의 제품이라고 그들은 확신하기 때문입니다."

또한 그들의 타깃 고객들은 일반적으로 바쁜 라이프스타일 속에 있는 경향이 많아, 적은 제품 수에서 얻을 수 있는 편리함과 단순함을 오히려 선호한다.

그 덕에 제품 회전율도 높아 매장의 1m²당 1,750달러의 매출을 올리고 있고, 이는 미국 오가닉 슈퍼마켓 시장에서 경쟁하는 홀푸즈 마켓의 평당 매출에 두 배 이상이 되는 숫자이기도 하다.

트레이더 조는 어디서도 구할 수 없는 진귀한 제품들을 구비하여 고객에게 보물찾기와 같은 즐거움을 주는 것으로 유명한데, 프로덕트 디벨로퍼 Product Developer라 불리는 총 4명의 바이어들은 제품 발굴을 위해 진지하게 세계를 여행한다. 트레이더 조의 R&D예산 중 최대 지출 분야가 바로 제품 발굴을 위한 여행 경비이기도 하다. 그들은 제품 개발을 위해 유행을 좇지 않고 스스로 유행을 창조하기 위해 노력한다.

3 남성을 격리시켜라

남자보관소가 있다면?

"백화점이나 마트 같은 데 보면 애견보관소나 물품보관소는 있는데 남자보관소는 없을까요? 옆에 있어 봐야 빨리 가자고만 하고 별 도움도 안 되는데 그냥 TV로 스포츠 채널 틀어주고 PC 몇 대 두면 될 것 같은데 왜 이런 건 안 생기는지 모르겠네요. 하루 종일 부인 따라 쇼핑하는 게 피곤해서 그러는 게 절대 아니라, 이런 것 생겼으면 좋겠네요."

– ID 메론사탕

이 글은 남자들이 주로 방문하는 전자기기 관련 커뮤니티 웹사이트에 한 남자가 올린 글이다. 맞는 말이라며 맞장구치며 공감하는 남성들이 많을 것이다.

몇 해 전 인기리에 방영되었던 케이블 채널의 '남녀탐구생활'에서 쇼핑에 임하는 남성과 여성의 자세가 얼마나 다른지 그 차이를 재미있게 보여주었던 기억이 난다.

여성을 대표하는 캐릭터로 분한 정가은은 오랜 시간 걸어도 문제없을 만한 하이힐인지 먼저 체크 후, 제품 구경을 위해 백화점 구석구석을 훑고 다닌다. 같은 곳을 서너 바퀴 도는 것은 기본이다. 반면, 남성을 대표하는 캐릭터의 정형돈은 백화점에 들어오자마자 아무 이유 없이 가슴이 답답해지고 호흡곤란이 오기 시작한다. 쇼핑센터 어딘가에 남자의 기를 빨아들이는 기계가 설치되어 있는 게 아닌가 하는 생각이 들 정도로 말이다. 한시라도 빨리 사고자 하는 제품을 찾아서 후다닥 뛰쳐나와야 할 '악마의 소굴'쯤으로 여긴다.

물론 재미를 위해 조금 과장된 연출이 가미되었기는 하지만, 대부분이 공감할 만한 스토리일 것이다. 이렇게 성향이 다른 남녀가 함께 온전히 쇼핑을 마친다는 건 참으로 어려운 일이 아닐 수 없다.

여자 입장에선 쇼핑이 길어질수록 자신의 쇼핑 여정에 동반된 남자에게 안쓰러운 마음이 들어 제대로 맘 편히 쇼핑을 즐기기 힘들기도 하겠고, 쇼핑을 빨리 끝낼 것을 종용하며 남자가 옆에서 아이마냥 성가시게 칭얼댄다면, 이럴 땐 남자를 잠시 어디 맡겨두고 싶다는 생각이 들 수도 있다.

남자 역시도 고역스럽기는 마찬가지이다. 인내심을 가지고 여성 옆을 따라다니며 동반해주어야 하고, 싫은 내색을 비치면 여자가 토라질까 봐 묵묵히 감내해야 하고, 쇼핑백들을 짐꾼처럼 들어주어야 하니 말이다. 남자 혹은 여자 중 한 명이 희생을 한다면 문제가 없겠지만 둘 다 양보할 수 없는 상황이라면 최선의 선택은 바로 이 같은 남자의 제안이 아닐까?

"쇼핑 끝나면 전화해. 근처에서 시간 때우고 있을게."

그렇다면 과연 남자는 이제 어디서 시간을 때워야 할까? 또 다른 고민이 시작된다. 이 같은 고민의 해결을 위해 마련된 곳이 있다. 그곳은 바로 피커링 타운 센터의 '맨즈 덴'과 이케아의 '맨랜드'이다.

● 피커링 타운 센터 안 남자들의 은신처 '맨즈 덴'

캐나다 토론토에 위치한 쇼핑몰 피커링 타운 센터Pickering Town Centre에서는 크리스마스 홀리데이 시즌을 맞아 '맨즈 덴MEN'S DEN', 한국어로 번역하자면 일명 '남자들의 은신처'를 쇼핑센터 한쪽에서 운영하였다. 친지들에게 줄, 완벽히 맘에 드는 크리스마스 선물을 고르기 위해 쇼핑몰 안을 샅샅이 누비는 여성들 곁에, 그다지 쇼핑에 큰 흥미가 없을 뿐만 아니라 괜히 옆에서 투덜거리기만 하는 남성들이 그녀들의 쇼핑에 별로 도움이 되지 않음을 간파했기 때문이었을까?

맨즈 덴은 쇼핑에 지친 남성들이 맘 편히 쉴 수 있는 사막의 오아시스와 같은 존재이다. 편안한 소파에서 무료 커피를 즐길 수 있고, 대형 TV에서는 스포츠 경기가 방영되고, 인터넷 서비스는 물론 게임기, 테이블 사커, 테이블 하키, 골프 스윙을 연습할 수 있는 스팟 등등…… 그야말로 남자들의 천국이다. 하지만 피커링 타운 센터는 단지 이들에게 쉼터를 제공하는 서비스로 끝내는 것이 아니라, 한데 모인 이들을 상대로 또 다른 매출을 만들어 낸다. 귀차니즘에 빠진 남성들을 위해 홀리데이 쇼핑 컨시어지(쇼핑 심부름들을 대행해 주는 서비스)를 운영하는가 하면, 구매한 제품의 무료 포장 서비스도 제공한다. 또한 TV나 소파 등 맨즈 덴 내부의 전자기기 및 인테리어 소품들은 쇼핑타운 안에서 판매하는 제품들을 활용하여 디스플레이하였다. 디스플레이 제품에는 가격과 같은 제품 정보를 담은 상품설명서를 함께 고지하여 구매로 연결될 수 있도록 하였다. 더불어 남성들이 관심 가질 만한 와이셔츠와 넥타이 같은 제품을 토르소 마네킹에 착장하여 장식장 한쪽에

'맨즈 덴'에서 게임을 즐기며 함께 온 여성이 쇼핑을 마치기를 기다리는 남성 고객

와이셔츠, 넥타이, 전자기기와 같이 남성들이 관심을 가질 만한 제품을 설명서와 함께 맨즈 덴 내부에 디스플레이해 놓은 모습
* 출처: CBC News 캡처

디스플레이해 놓았다. 물론 제품 정보를 담은 상품설명서와 함께!

이렇듯 남자들의 은신처 '맨즈 덴' 덕에 결국 남성, 여성 그리고 쇼핑 몰 측 모두가 웃을 수 있는 크리스마스 홀리데이 시즌이 되었으니 그야말로 윈윈 솔루션이 아닐 수 없다.

● 이케아의 남자보관소 '맨랜드'

호주 시드니에 있는 한 이케아IKEA 매장은 여성의 쇼핑을 위해 남성을 맡아 보관해 주는 남자보관소 '맨랜드MANLAND'를 시범 운영하였다. 이 같은 획기적인 서비스는 부모의 원활한 쇼핑을 위해 아이들을 맡아 보관해주는 이케아의 탁아서비스 시설 스몰란드Småland에서 영감을 얻어 기획되었다. 2011년 9월 아버지 날Father's day를 맞이하는 주말 4일 동안 특별 운영된 맨랜드는 쇼핑에 지친 남성들, 혹은 쇼핑 자체를 꺼리는 남성들을 맡기고, 여성들 홀로 마음껏 쇼핑을 즐길 수 있도록 하여 궁극적으로 남성, 여성 모두를 만족시킬 수 있도록 하였다.

이케아 매장은 조립식 가구를 주로 판매하는데, 이를 집까지 운반하기 위해서는 남성의 도움이 절실하다. 따라서 보통 여성들이 남성을 대동하여 매장을 방문하는데, 문제는 남성들이 홈 인테리어 제품들(즉, 대부분이 남성들의 관심 밖인 물건들) 속에서 인내심을 가지고 여성 옆을 따라다니며 쇼핑하기가 힘들다는 점이다. 이에 이케아 측은 남자를 여자로부터 떼어내 여성에게 해방을 줄 수 있는 비책을 마련하게 된 것이다.

맨랜드는 그야말로 남자들의 천국이다. TV에서는 끊임없이 스포츠 경기가 방송되고, 남성들이 좋아할 만한 각종 게임기, 핀볼 기계가 설치되어 있어 무료함을 달랠 수 있으며, 공짜 핫도그도 제공되어 허기까지 채울 수 있다. 또한 맨랜드 역시 맨즈 덴처럼 내부의 인테리어 소품들을 이케아 자체 제품을 활용하여 디스플레이해 자사 제품을 노출시키고 자연스레 제품을 체험하도록 유도하여 구매로의 연결을 꾀했다.

호주 이케아 매장의 남자보관소 '맨랜드'

이렇듯 맨랜드는 여성으로부터 걸리적거리는 남성을 제거해 여성에게 자유를 주었고, 고객들을 조금이라도 더 오래 머물게 하여 하나라도 더 팔 수 있는 가능성을 제시하였다는 데 의미가 크다.

4 매장 직원을 멀리 떨어뜨려라

매장에 손님이 들어온다. 점원이 반짝이는 눈을 동그랗게 뜨고 입가에 미소를 한가득 지으며 쇼핑객에게 다가간다. 그리고 하루에도 수백 번 반복했을 멘트를 날린다.

"뭐 필요하신 제품 있으세요?"

"아뇨. 그냥 구경 중이에요."

쇼핑객은 시크하게 대답했지만 '제발 나 혼자 쇼핑하게 내버려두란 말이야'의 공손한 표현일 뿐이다. 점원은 동그랗고 초롱초롱했던 눈을 '급' 내리깔고 사라지는 듯하더니, 불현듯 다시 나타나 쇼핑객이 집는 옷마다 너무 예쁘고 요즘 제일 잘 나가는 옷이라며 옷에 대한 칭찬 연발이다. 맘에 드는 옷을 집어 피팅룸에서 착용하고 거울로 보려 했으나 피팅룸엔 거울이 없다! 이때 밖에서 들리는 점원의 한마디!

"고객님~ 피팅룸 밖으로 나와 보세요. 제가 봐드릴게요."

쇼핑객은 다소 불편한 포즈로 매장 밖으로 나와 거울을 살핀다. 자신에게 그다지 잘 어울리는 것 같지 않은데 점원은 그야말로 칭찬일색이다.

"좀 더 둘러보고 올게요. 아직 확신이 안 서서요."

쇼핑객은 제품을 구입하지 않고 매장을 떠나려니 괜히 점원에게 미안한 마음이 든다. 제품 가격이 부담스러워 구입하지 못하는 것으로 생각하고 점원이 무시할까 봐 신경도 쓰인다.

이는 백화점 의류매장에서 흔히 오갈 법한 대화이다. 기분전환이라도 할 겸 쇼핑 공간에 들른 고객에게 기분전환은커녕 부담의 짐을 한 가득 쥐어주는 상황이 되어버렸다. 쇼핑 공간에서 일방적으로 들이대는 매장 직원이 귀찮게 느껴진 경험은 누구나 있을 것이다. 특히, 스트레스 해소를 위해 쇼핑 공간을 찾은 고객이라면, 이곳에서만큼은 혼자이고 싶고, 방해받고 싶지 않다고 느낄 것이다.

그동안 당신의 상점에선 고객이 매장 내에 머물며 제품을 구경하거나 착용해 보았다는 이유만으로, 혹은 매장 점원이 세일즈를 위해 고객에게 귀한(?) 시간을 할애했다는 보상심리에 고객들에게 무언의 구매 압박을 가해본 적은 없는지 되돌아보자.

한 세일즈 기술 관련 책에 의하면 최근 세일즈 트렌드는 단순히 상품을 권유하고, 판매를 위해 일방적으로 고객에게 접근하는 것이 아니라, 고객이 원할 때 옆에서 조언해 주고 해결안을 제시해 주는 형태로 그 방법이 바뀌고 있다고 한다. 세일즈맨이 제품을 무조건 들이대고 보는 것이 일반 세일즈라면, 우선은 적당한 거리에서 고객을 파악하고 친밀감을 형성하다가, 고객이 필요할 때 다가가고, 그들의 코드에 맞게 컨설팅해주는 것이 명품 세일즈라는 것이다.

리테일 매장에서도 점원의 역할이 '상품 제안'의 역할에서 '해결안 제시'의 역할로 많이 변모하고 있다. 지친 현대인들을 위해, 그들의 프라이버시를 존중하고, 그들이 원할 때 다가가는 배려의 접근방법으로 변모하고 있다고 하겠다. 이같이 고객에게 다가가는 접근방법의 변화를 가능하게 하는 것은 점원의 고객 응대 태도의 변화만이 아니다. 꼭 제품을 구입할 사람만 매장에 들어올 수 있다는 부담감을 없애주어야 하고, 부담스러운 점원의 응대 없이도 방문객들이 쉽게 상품을 둘러볼 수 있도록 하는 하드웨어적인 장치도 필요하다.

● SPA브랜드의 윈윈 솔루션

고객은 매장에서 마음에 드는 옷을 실컷 골라 피팅룸에서 맘껏 입어 본다. 옷을 입어본 후 맘에 들면 구입을 하고 맘에 들지 않으면 그냥 입어본 옷을 직원에게 넘겨주고 부담 없이 매장을 나온다.

이는 유니클로, 자라, H&M과 같은 SPA브랜드 매장에서 흔히 있는 풍경이다. SPA브랜드 매장에서는 직원들의 서비스를 최소화한다. 점원은 고객에게 제품과 착용을 권유하기보다는, 보다 편하게 쇼핑할 수 있도록 흐트러진 제품을 정돈하거나, 상품을 보충하고, 재고를 확인하는 등 고객의 도움 요청을 처리해주는 데 시간을 보낸다. 또한 피팅룸 공간에 배치된 직원은 고객에게 코디를 제안하는 것이 아닌, 고객이 입어본 옷들을 받아서 정리하는 단순 작업에 그친다. 따라서 점원이 밀착하여 따라다니지 않기에 고객은 부담 없이 쇼핑을 즐길 수 있다. 이 같은 매장 판매 시스템은 일반적으로 SPA브랜드 매장이 대형 공간으로 운영되어 기존의 다른 매장처럼 직원이 맨투맨 형식으로 고객을 응대할 수 없는 여건이기에 나온 솔루션이겠지만, 오히려 고객이 부담 없이 매장에 들어가고 제품을 구경할 수 있는 환경을 조성해 주었다. 고객의 편의적 측면뿐 아니라, 매장 인력을 절감하여 결과적으로 좀 더 경쟁력 있는 가격에 제품을 공급할 수 있다는 점에서 고객과 브랜드 양측을 위한 '윈윈 솔루션'이라고 볼 수 있다. 그럼, 수많은 SPA브랜드 매장 중 패스트 패션 업계를 선도하는 브랜드 중 하나인 유니클로의 경우를 좀 더 구체적으로 살펴보기로 하자.

● 셀프서비스로 파는 가게, 유니클로

"장사라는 게 온통 '파는 것'에만 집중하고 있었습니다. 비즈니스는 고객이 '사주어야' 이뤄지는 것인데, 파는 것에만 집중하는 상업주의는 잘못됐다고 생각합니다."

– 유니클로 회장 야나이 다다시

25세 때 아버지로부터 양복점을 물려받아 운영하던 청년, 야나이 다다시 사장(지금의 유니클로 회장)은 기존의 온통 파는 것에만 집중하는 상업주의적 판매방식에 문제점을 느끼고 있었다. 의류매장에 가보면 점원이 문 앞에서 손님을 기다리고 있다가 매장 안에 들어온 손님이 옷을 사지 않으면 돌려보내지 않겠다는 태도로 온갖 설득을 하거나 어떻게든 사게 하려는 자세로 손님을 대했다. 그러나 많은 소비자들은 이런 의류 매장을 부담스러워했다.

이러한 방식이 잘못됐다고 여긴 야나이 사장은 독특한 아이디어의 의류 매장을 1984년 6월 히로시마에 오픈하게 된다. '저렴한 캐주얼웨어를 잡지처럼 부담 없이 셀프서비스로 파는 가게'가 컨셉인 '유니크 클로딩 웨어하우스Unique clothing warehouse'라는 이름의 매장이었다. 다른 곳에서 살 수 없는 질 좋은 캐주얼 의류를 자유롭게 골라 살 수 있는 브랜드라는 의미이다. 개장 첫날부터 수천 명의 손님이 몰려 줄을 섰다. 폭발적인 대히트였다. 이게 '유니클로 1호점'이다.

야나이 사장은 미국에서 유학을 했을 때 대학 내 생활협동조합에서 문구나 잡지 등 대학생활에 필요한 물품들을 아주 간편하게 구입할 수 있었던 판매방식에 큰 인상을 받는다. 문구류와 잡지, 티셔츠 등을 창고식으로 매장에 쌓아놓고, 점원 도움 없이 손님들이 셀프서비스로 물건을 사가는 시스템이었다. 그는 의류도 잡지와 레코드처럼 간편하게 구입할 수 있으면 좋겠다고 생각하였고, 이 같은 아이디어는 유니클로 1호점 탄생의 밑바탕이 되었다.

매장 내 점원들은 손님에게 물건을 사도록 종용하는 방식으로 대응하지 않았다. 손님이 물어올 때만 확실히 대응해 주는 형식이었고 점원들은 상품관리, 보충 그리고 계산을 중심으로 한 매장운영과 관리에 업무 초점을 맞추었다. 대형 할인마트 등에서는 이런 방식이 일반적이었지만 의류매장에서는 유니클로 1호점이 처음으로 시도한 방식이었다. 당시, 저렴한 가격의 캐주얼웨어라는 차이점을 넘어서는 이러한 매장 운영방식을 업계에서는 획기적인 발상이라며 놀라워했다. 그리고 이 같은 방식은 지금까지도 고수하는 유니클로 매장의 기본 판매 방식이다.[5]

셀프서비스로 제품을 판매하기 위해서는 직원의 도움 없이도 손쉽게 소비자들이 쇼핑할 수 있는 매장 환경의 조성이 중요하다. 보다 쉽

---

5 가와시마 고타로, 『야나이 다다시 유니클로 이야기』, 비즈니스북스, 2010.01.15; "[유니클로의 성공비결] 야나이 회장 누구인가… 닌텐도 창업자 제치고 일본 최고 부자 등극", 한국경제신문, 2009.04.26.

고 효율적으로 소비자들이 제품을 접하고 구입할 수 있도록 매장 윈도우 및 내부를 연출하고 제품을 진열하는 것은 VMD Visual Merchandising, 혹은 VM 업무 중 하나로, 유니클로와 같은 SPA브랜드들이 마케팅을 위해 없어서는 안 될 필수 요소로 여기는 분야이기도 하다.

브랜드마다 제품 성격이 다르기에 VMD 방식도 조금씩 달라지는데 유니클로의 경우를 살펴보면, 셀프서비스 구매 시스템을 구축하기 위한 매장 내 VMD의 역할이 돋보인다.

공간을 강조한 매장 레이아웃에 의류창고 집기 같은 가구들을 배치하였고 각각의 제품들이 사이즈별 · 컬러별로 다량 진열되어 고객들은 점원에게 별도의 요청 없이도 원하는 사이즈와 컬러를 직접 선택해 장바구니에 담을 수 있다. 또한 구역마다 위치한 마네킹, 토르소 및 모델 착장 그래픽들은 점원을 대신한 코디 제안자가 되어준다. 더욱이 이 같은 샘플 코디 연출은 소비자가 직접 옷을 입어보지 않아도 상품 착장 후의 느낌을 인지할 수 있어 편리하다.

그 밖에도 브랜드가 전달하고자 하는 마케팅 메시지 혹은 상품에 대한 부가적인 정보 전달이 필요한 경우, 제품 관련 설명 POP Point of Purchase, 구매 시점 광고를 활용해 제품을 소개하고, 고객이 궁금해할 사항들을 사전에 전달한다. 이같이 적재적소에서 활약하고 있는 VMD 요소들은 직원의 도움 없이도 소비자들이 손쉽게 쇼핑할 수 있도록 돕는 '무언의 세일즈맨 silent seller' 역할을 한다.

유니클로의 매장 내부 VMD연출 모습
의류창고 집기형 가구에 제품들이 사이즈별, 컬러별로 다량 진열되어 고객들은 점원에게 별도의 요청
없이 원하는 사이즈와 컬러를 직접 선택하여 장바구니에 담을 수 있다. * 출처: blog.ispira.com

● Service As You Like It, 크리니크

냉철히 따지자면, 앞에서 예를 든 SPA 매장의 고객 응대 방식은 모든 리테일러가 자신의 매장에 적용할 수 있는 방식은 아니다. 매장의 규모가 작은 소형 매장, 특히 여러 브랜드들이 운집한 백화점과 같은 경우엔 더욱 그러하다. 대형 매장은 매장 규모가 크기 때문에 일대일 응대가 아닌 셀프 방식의 쇼핑이 쉽게 적용될 수 있고, 소비자들 또한 매장 내에 제품을 구경하는 사람들이 많아, 군중 속에 묻혀서 직원을 신경 쓰지 않고 제품을 보는 것이 가능하다. 하지만 몇 평 남짓한 소형

매장의 경우 이 같은 판매 방식을 적용한다면, 어떤 고객은 편하게 느낄 수도 있지만, 다른 고객은 소홀한 접대라 생각할 뿐만 아니라 자신이 매장에서 무시당하고 있다고 느낄지도 모른다. 모든 사람들이 매장 직원의 과잉 친절과 응대를 부담스러워하는 것은 아니기 때문이다. 사람들의 성향이 모두 다르고, 같은 사람이라도 쇼핑 때마다 기분 혹은 여건이 다르다. 또한 매장 직원이 마인드 리더가 아닌 이상, 고객의 얼굴 표정만으로 그들이 원하는 바를 읽어내기는 좀처럼 쉽지가 않다.

화장품 브랜드 크리니크Clinique는 매장에 색깔이 다른 팔찌를 두어 이 같은 애로사항을 간편히 해결했다. '고객님이 원하는 대로 서비스

크리니크 매장에 비치된 세 가지 컬러의 팔찌
− 그린: I have time. Let's talk. 컨설턴트와의 풀 서비스를 원하는 고객
− 화이트: Time is of the essence. 익스프레스 서비스를 원하는 고객
− 핑크: Browsing and happy. 혼자 둘러보기를 원하는 고객
* 출처: maddyloves.wordpress.com

해드리겠습니다'라는 의미의 'service as you like it' 서비스는 고객이 원하는 방식에 따라 응대하는 맞춤형 고객서비스이다. 그린 · 화이트 · 핑크 총 3가지 색상의 팔찌를 입구에 비치하고 고객이 착용한 팔찌의 컬러에 따라 맞춤형 서비스를 진행한다.

크리니크 관계자는 "다양한 고객 성향 조사를 통해 필요한 제품만 빨리 구매해서 가길 원하는 고객, 풀 서비스 상담을 원하는 고객, 나 혼자 제품을 둘러보고 체험하기를 원하는 고객 등 3가지 성향으로 크게 나뉘는 것을 발견하고, 이 같은 고객 맞춤형 서비스 매장을 오픈하게 됐다"고 설명한다. 이 같은 크리니크의 방식은 꼭 대형 매장이 아닌 소형 매장에도 적용 가능하다는 장점이 있을 뿐만 아니라, SPA브랜드 매장의 '자유방임 스타일'에서는 없는 부분, 즉 '개인 밀착 서비스'를 동시에 구현할 수 있는 장점이 있다. 이 같은 크리니크의 고객 응대 시스템의 외형은 비록 단순한 팔찌에 불과하지만, 쇼핑의 방해요소를 제거하여, 최대한 고객이 편안한 상태에서 쇼핑할 수 있는 환경을 모색하려는 노력을 엿볼 수 있는, 크리니크의 고객 중심 사고에서 탄생한 훌륭한 마케팅 결과물이 아닐까 싶다.

5 아이를 사로잡아라

아이를 키워보지 않은 사람은 잘 모를 것이다. 육아가 얼마나 힘든 노동인지를……. 필자 또한 아이를 낳아 키워보기 전까지는 아이는 마냥 귀엽고 사랑스러운 존재이며, 낳아 놓으면 알아서 잘 커주는 줄만 알았다. 하지만 이 같은 환상은 한순간에 깨지고 말았다. 출산한 첫날, 출산 피로를 풀기도 전에 잠도 제대로 자지 못하고 시간마다 깨서 우는 아이를 수유하는 노동의 작업은 단지 서막에 불과했다. 밥 먹이고, 잠을 재우고, 옷 입히고 하는 기본 의식주를 도와주는 것은 기본이고, 혹시 모를 안전사고에 대비하여 온종일 옆에서 지켜봐야 하고, 아이들이 신나게 놀 수 있도록 놀이의 동반자가 되어주어야 한다. 집 안 청소도 해야 하고, 장도 봐서 식사 준비도 하고, 설거지·빨래도 해야 하는데 아이는 좀처럼 엄마를 놓아주지 않는다. 이럴 때 정말 요긴한 존재는 아이가 잠시나마 집중해서 가지고 놀 수 있는 장난감이다. 그 장난감이 단 5분이라도 아이를 사로잡았다면, 그 덕에 부모는 5분의 자유를 얻은 셈이다. 그 5분의 자유를 준 장난감이 얼마나 고마운지는 아마 아이 가진 부모들은 공감할 것이다.

이 같은 부모의 애로사항을 간파한 트레이더 조와 스튜 레너드는 자신의 슈퍼마켓에서만큼은 부모들이 아이를 대동하더라도 어려움 없이 최대한 쇼핑에 몰입할 수 있도록 돕기 위해 노력한다. 매장 곳곳에

엔터테인먼트적 요소를 가미한 이들의 슈퍼마켓은 빽빽한 물건들로만 가득한 창고 같은 공간이 아닌, 즐거움이 가득한 놀이동산이 된다.

● 쇼핑을 수월하게 만드는 트레이더 조의 무기들

아이를 단 5분이라도 사로잡을 수 있는 장난감의 고마움을 앞서 이야기하였는데, 재미있는 모양의 '스티커'는 단시간이지만 바짝 아이들을 사로잡을 수 있는 대표적인 장난감 중 하나이다. 스티커를 본 순간 아이들의 눈은 반짝거리고, 예쁜 그림의 스티커를 붙였다 떼었다 하며 좋아한다.

이렇게 스티커를 좋아하는 아이들을 위해 트레이더 조의 직원들은 자체 제작한 스티커들을 항시 소지하고 다니며, 아이들을 발견할 때마다 스티커를 선물로 준다. 또한 추수감사절 혹은 크리스마스 같은 시즌에 맞추어 스티커 컨셉을 달리해 항상 아이들에게 새로움을 유지한다.

트레이더 조의 일부 매장은 아이들의 재미있는 쇼핑을 위해 '인형 찾기' 놀이를 제안한다. 놀이의 방법은 간단하다. 인형 찾기 놀이를 위해 먼저 매장에서는 선반 구석구석에 동물 인형들을 숨겨 놓는다(어떤 매장은 강아지 인형이 될 수도 있고, 또 다른 매장은 곰 인형이 될 수도 있다). 그리고 쇼핑 중에 숨겨진 인형을 찾은 아이는 그것을 고객서비스센터 직원에게 보여주면 오가닉 막대사탕과 같은 선물을 받을 수 있다. 선물을 받은 후 아이는 자신이 원하는 곳에 다시 인형을 숨겨 놓는 미션을 완수함으로써 인형 찾기 놀이는 마무리된다.

《월스트리트저널》 베스트셀러 작가이자 유명 블로거인 존 아커프Jon Acuff는 자신의 블로그에 별것 아닌 것 같은 트레이더 조의 인형 찾기 놀이의 큰 존재감을 예찬한 바 있다. 존은 자신이 애틀랜타에서 살 때 아이들과 함께 트레이더 조에서 쇼핑하는 것을 즐겼다고 한다. 아커프의 아이들은 트레이더 조 매장 근처를 지날 때면 아빠에게 매장에 들어가서 인형 찾기 놀이를 하자고 제안할 정도로 트레이더 조 매장의 인형 찾기 놀이를 좋아했다. 그러나 그는 내슈빌로 이사 오고 나서 그 지역의 트레이더 조에 갔다가 김빠진 콜라처럼 뭔가 허전한 느낌을 받았다. 내슈빌의 매장에서는 보물찾기 놀이를 진행하지 않았던 것이다.

이 작은 놀이의 있고 없음은 큰 차이를 불러일으켰다. 애틀랜타 매장에서는 인형 찾기에 바쁜 아이들 덕에 쇼핑에 더 오랜 시간을 투자할 수 있었고, 그에 따라 더 많은 물품을 구매했다. 하지만 인형 찾기 놀이가 없는 내슈빌의 트레이더 조 매장에서는 상대적으로 쇼핑 시간이 줄어들어 구매금액도 줄어들게 되었다.

이처럼 소소한 인형 찾기 놀이 혹은 작은 스티커 한 장이 매장에서는 별로 큰 수고가 들지 않는 작은 것에 불과하지만, 아이들에게는 쇼핑하는 부모 곁에서 보채지 않고 진득하게 따라다닐 수 있게 해주는 '낙'이 되고, 부모들이 식료품 쇼핑을 위해 경쟁사의 슈퍼마켓이 아닌 트레이더 조를 찾는 이유가 되는 것이다.

어린이 고객을 반겨주는 스튜 레너드 슈퍼마켓의 마스코트 인형 * 출처: The New York Times by Phil Marino

● **슈퍼마켓의 디즈니랜드, 스튜 레너드**

《뉴욕타임스》는 스튜 레너드를 '슈퍼마켓의 디즈니랜드'라고 격찬한 바 있다. 부모들이 쇼핑에 열중할 수 있도록 스튜 레너드는 매장 곳곳에 아이들이 좋아할 만한 재미의 요소를 디즈니랜드 못지않게 심어놓고 있기 때문이다.

스튜 레너드의 마스코트인 젖소와 오리 캐릭터 탈 인형을 쓴 직원들은 매장 곳곳을 돌아다니며 아이들을 반기고, 껴안아주며 인사를 나눈다. 또한 노래하며 움직이는 인형이 매장 곳곳에 있어 지나가던 아이들을 절로 춤추게 한다. 넉넉한 인심의 시식용 음식들은 매장 투어의 쏠쏠한 재미가 되고, 고소한 냄새로 입맛을 돋우는 베이커리 코너를 지나는 아이들은 갓 구운 도넛을 공짜로 얻어먹기도 한다. 우유 가공 설비 시설이 매장 내에 있어, 우유가 판매용으로 매장 선반에 진열

되기까지 어떤 과정을 거치는지를 눈으로 살펴볼 수도 있다. 또한 모든 스튜 레너드 매장은 '리틀 팜'이라는 야외 동물사육장을 운영한다. 매년 따듯한 봄이 되면 스튜 레너드는 양·염소·송아지 등의 새끼 동물들을 리틀 팜으로 데려온다. 스튜 레너드 슈퍼마켓을 방문할 때마다 리틀 팜에 들러 동화책의 그림이 아닌 실제 모습의 진귀한 동물들을 접하고, 새끼 동물들이 성장해가는 모습을 지켜보는 것은 아이들에게 큰 재미이자 살아 있는 교과서 역할을 한다.

스튜 레너드 매장에서는 우유가 가공되는 과정을 직접 지켜볼 수 있다.
* 출처: 스튜 레너드 공식 페이스북 페이지

팜 프레시 파이브
우유, 쥬스, 버터, 달걀 인형으로 구성된 팜 프레시 파이브 밴드는 유제품 진열대 위에서 공연을 벌인다. 스튜 레너드 매장에는 이처럼 노래하며 춤을 추는 인형들이 곳곳에 가득하다.
* 출처: beyond-bananas.com

지금까지 우리는 고객의 불편함을 제거하여 최대의 편의를 제공하기 위해 노력하는 리테일러들을 살펴보았다. 그들의 노력은 단지 서비스로 끝나는 것이 아니라, 고객만족도와 충성도를 높이고 매출에도 크게 기여하고 있음을 알 수 있었다.

다시 한번 강조하건대, 고객만족도를 높이고 싶다면 현란한 서비스를 제공하기에 앞서, 먼저 자신들이 제공해야 할 기본에 충실하고, 고객이 겪을지 모르는 고충들을 제거하는 방법에 대해 고심해보자. 혹시 당신의 매장은 고객 중심이 아닌 판매자 중심으로 운영되고 있지 않은가?

바나나 진열대에 자리한 바나나인형 '치키타'
치키타는 과일을 매단 모자를 즐겨 쓰던 전설의 삼바 가수이자 댄서인 카르멘 미란다 복장을 하고 있다. 진열대 앞에 버튼을 누르면 치키타는 춤을 추며 노래를 부른다. 노래 가사는 바나나의 이로운 영양에 대한 이야기이다. * 출처: nomsnotbombs.com

홈플러스 테스코사의
디자인 파트장
서성원 대리가 들려주는
"서비스를 디자인하는 노인"

벌써 5년 전, 내가 입사한 지 얼마 안 돼 홈플러스(테스코)에서 일할 때였다. 신규 점포 출점을 기획하여 디자인팀에 점포 레이아웃 의뢰를 해야 해서 엘리베이터를 타고 디자인팀이 있는 층에서 내렸다.

출입구 맞은편에 컴퓨터 앞에 앉아 있는 한 나이 든 디자이너 한 명이 보였다. 컨셉에 맞는 점포 레이아웃 디자인을 빨리 해달라고 부탁했다. 그랬더니 굉장히 오래 걸린다고 하는 게 아닌가.

"좀 더 빨리 해줄 수 없습니까?"

"고객 중심의 유·무형의 쇼핑경험을 디자인하는 건데 대충 하겠소? 시간 없거든 다른 데 가서 디자인하시우."

대단히 무뚝뚝한 디자이너였다. 일정을 흥정하지도 못하고 디자인만 잘해 달라고 부탁했다.

그는 잠자코 스테이크홀더 맵 Stakeholder Map [I]을 그리고 있었다. 처음에는 빨리 페르소나 Persona [II]를 설정하고 커스토머 저니 맵 Customer Journey Map [III]을 그리는 것 같더니, 날이 저물도록 이리 그리고, 저리 그리고 굼떠지더니 마냥 늑장이다.

내가 보기에는 그만하면 다 됐는데, 자꾸만 더 스케치하면서 스토리보드를 그리고 있었다. 이제 다 됐으니 그냥 달라고 해도 통 못 들은 척 대꾸가 없다. 발주 시간이 빠듯해 왔다. 갑갑하고 지루하고 이제는 초조할 지경이었다.

참다 못해 "더 디자인하지 않아도 좋으니 그만 출력 걸어주십시오"라고 했더니 화를 버럭 내며, "제대로 계획된 프로토타이핑 Prototyping [IV]이 있어야 쓸모 있는 공간 디자인이 되지 예쁘게만 만든다고 서비스 디자인이 되나!" 한다.

나도 기가 막혀서, "실행 부서 사람인 내가 좋다는데 무얼 더 디자인해요? 디자이너 양반, 외고집이시구먼, 발주 시간이 없다니까요." 그러자 디자이너는 퉁명스럽게 "다른 데 가서 디자인하시오. 난 못하겠소." 하고 내뱉는다.

지금까지 기다리고 있다가 그냥 갈 수도 없고, 발주 시간은 어차피 틀린 것 같고 해서, 될 대로 되라고 체념할 수밖에 없었다.

“그럼, 마음대로 디자인해 보세요.”

“글쎄, 재촉을 하면 점점 보기에 예쁘기만 할 뿐 고객들이 불편한 공간이 된다니까. 고객 쇼핑공간이란 제대로 디자인해서 지어야지, 블루프린트 제작도 안 하고 디자인하다가 망치면 되나.”

좀 누그러진 말씨다.

그런데 이번에는 디자인하던 것을 무릎에다 놓고 태연하게 고객들과 FGI Focus Group Interview[V]를 하고 있는 게 아닌가. 나도 그만 지쳐 구경꾼이 되고 말았다. 얼마 후에야 캐드, 포토샵, 일러스트레이터로 이리저리 편집하더니 다 됐다고 내준다. 발주시간을 놓치고 내일 발주해야 하는 나는 불쾌하기 짝이 없었다. ‘그 따위로 디자인을 해서 어디 정시 퇴근이나 제대로 하겠나.’ 실행 부서 본위가 아니고 디자이너 본위다. 그래서 시간만 오래 걸린다. 유통의 기본도 모르면서 고집만 세고 무뚝뚝한 디자이너! 생각할수록 화가 났다.

그러다 문득 뒤를 돌아보니 디자이너는 태연히 마우스를 내려놓으며 허리를 펴고 고층빌딩의 야경을 바라보고 서 있다. 야경을 바라보고 서 있는 그의 모습이 장인정신 가득한 디자이너다워 보였다. 그리고 어느새 내 마음은 약간 누그려져 있었다. 디자이너에 대한 멸시와 증오도 감쇄된 셈이다.

발주를 내고 점포를 오픈했더니 고객들은 쇼핑경험의 만족도가 높았다고 야단이다. 기존 점포보다 참 편하고 좋다는 것이다. 그러나 나는 기존의 공간이나 별로 다른 것 같지 않았다. 그런데 고객의 설명을 들어 보니, 원하는 상품과 장소를 쉽게 찾을 수 있고, 계산대에서 기다리는 시간이 짧으며, 수유실 공간, 유모차가 다니기 쉽도록 설계한 무빙워크, 휠체어가 여유 있게 다닐 수 있는 과학적인 곤돌라 사이 간격의 동선 등으로 온 가족이 피로감 없이 쇼핑하기 좋은 곳이라 한다. 나는 비로소 마음이 확 풀렸다. 그리고 디자이너에 대한 내 태도를 뉘우쳤다. 참으로 미안했다.

옛날부터 디자인이란 연령, 능력, 장애 정도에 관계없이 누구라도 쉽고 편리하게 사용할 수 있게 배려하는 것이었다. 이것을 '유니버설 디자인Universal Design'[VI], '배리어 프리 디자인Barrier Free Design'[VII]이라고 한다. 물론 시간과 돈이 든다. 그러나 요새 점포들은 고객에 대한 배려보다 상업적 논리로 찍어내듯 보기 좋게 예쁜 디자인만 하라고 한다. 고급스럽기만 하고 배려가 없다. 요새 회사에서 알아주지도 않는 무형의 것에 돈을 투자하며 고객을 배려해 쇼핑경험을 만드는 서비스를 디자인하는 사람은 없을 것 같다. 지금은 그런 말조차 꺼내기 어렵다. 매출도 좋지 않은데 서비스 디자인은 생각할 수도 없고, 누구 하나 고객을 배려하는 쇼핑공간을 만들어야 한다는 사람도 없다.

옛날 사람들은 일정은 일정이요, 매출은 매출이지만, 디자인을 하는 사람들은 그 순간만은 오직 고객에 대한 배려와 행복한 쇼핑경험을 줄 수 있는 공간을 만든다는 것에만 열중했다. 그리고 스스로 보람을 느꼈다. 그렇게 순수하게 심혈을 기울여 고객만족도가 높은 쇼핑공간을 이끌어냈다. 이 점포 디자인도 그런 심정에서 만들었을 것이다. 나는 그 디자이너에게 죄를 지은 것 같은 괴로움을 느꼈다.

'그 따위로 디자인을 해서 정시 퇴근을 어떻게 한담' 하던 생각은 '나 같은 실행 부서 사람에게 '빨리빨리' 독촉만을 받던 환경 속에서 어떻게 묵묵히 고객 위주의 서비스 디자인을 탄생시킬 수 있었지?'라는 생각으로 바뀌었다.

나는 그 디자이너를 찾아가 맥북에 최신 프로그램이라도 대접하며 진심으로 사과해야겠다고 생각했다. 그래서 그다음 다른 점포 오픈 프로젝트를 시작하는 길로 그 디자이너를 찾았다. 그러나 디자인팀에 그 디자이너는 없었다. 나는 그 디자이너가 앉아 있었던 자리에 멍하니 서 있었다. 허전하고 서운했다. 사과드릴 길이 없어 안타까웠다.

맞은편 창밖의 테헤란로 야경을 바라보았다. 창공에 날아갈 듯한 추녀 끝으로 흰 구름이 피어나고 있었다.

'아, 그때 그 디자이너가 저 구름을 보고 고객을 생각하고 있었구나.'

열심히 디자인하고 완성을 한 다음 우연히 테헤란로 끝의 구름을 바라보던 디자이너의 거룩한 모습이 떠올랐다. 나는 무심히, "나쁜 디자인은 가치 없는 것을 만드는 것이고, 좋은 디자인은 알기 쉽고 기억하기도 쉬운 것을 만드는 것이며, 위대한 디자인은 기억하기 쉬우면서 의미 있는 것을 만드는 것이고, 비범한 디자인은 의미 있고 가치 있는 것을 만드는 것이다"라는 디자이너 디터 람스Dieter Rams의 명언이 새어 나왔다.

집에 들어가니 아내가 가구를 옮기고 있다. 문득 신규 점포 프로젝트를 기획하던 때가 기억난다. 그리고 5년 전 서비스 디자인을 하던 디자이너의 모습이 떠오른다.

^ⅰ 스테이크홀더 맵 Stakeholder Map

서비스의 이해관계자를 정의하고, 고려해야 할 역학관계를 총체적으로 파악하기 위해 사용하는 방법이다. 이해관계자 맵은 시각적 혹은 물리적인, 특정 서비스와 관련된 다양한 요소를 나타내는 것이다. 스태프, 소비자, 파트너기업 그리고 관련된 다양한 이해관계자를 이런 방식으로 나타냄으로써, 다양한 그룹의 상호작용을 분석 가능한 대상으로 만들 수 있다.

^ⅱ 페르소나 Persona

어떤 제품 혹은 서비스를 사용할 만한 목표 인구 집단 안에 있는 다양한 사용자 유형들을 대표하는 가상의 인물이다. 어떤 제품이나 혹은 서비스를 개발하기 위하여 시장과 환경 그리고 사용자들을 이해하기 위해 사용되는데 어떤 특정한 상황과 환경 속에서 어떤 전형적인 인물이 어떻게 행동할 것인가에 대한 예측을 위해 실제 사용자 자료를 바탕으로 개인의 개성을 부여하여 만들어진다. 가상의 인물을 묘사하고 그 인물의 배경과 환경 등을 설명하는 문서로 꾸며지는데 가상의 이름, 목표, 평소에 느끼는 불편함, 그 인물이 가지는 필요 니즈 등으로 구성된다. 소프트웨어 개발, 가전제품 개발, 인터랙션 디자인 개발 등의 분야에서 사용자 연구의 한 방법과 마케팅 전략 수립을 위한 자료로 많이 이용되고 있다.

^ⅲ 커스토머 저니 맵 Customer Journey Map(User Journey Map)

사용자가 서비스와 처음 만나는 초기 접점에서부터 서비스가 끝나는 순간까지의 과정을 그림이나 사진, 도표 등으로 나타내는 서비스 디자인의 한 도구. 사용자의 여정 지도를 통해 여러 기회나 문제점들을 미리 발견할 수 있다는 것이 큰 장점이다. 여정 지도는 프로젝트에 따라 세부적일 수도 있고 덜 구체적일 수도 있다.

^{IV} 프로토타이핑 Prototyping

서비스를 개발할 때 이를 시뮬레이션하기 위해 실제로 구현, 직접 체험하는 방법론을 의미한다. 서비스 경험 또는 서비스 프로토타이핑은 일반적으로 서비스 설계도에서 정의한 서비스 순간에 기초한 시나리오를 만드는 것과, 이에 따라 고객과 이해관계자 역할을 나눠 연기하는 것을 포함한다. 역할 연기는 서비스디자인 과정의 중요한 부분이다. 연기를 하면서 디자이너는 실제로 서비스가 어떻게 느껴지는지를 알 수 있다. 이 프로토타이핑은 정해진 시나리오나 개략적으로 정해놓은 계획에 따라 진행될 수도 있고, 아니면 즉흥 연기를 할 수도 있다. 연기자들은 맡은 역할에 따라 개별 서비스 고리를 진행하면서 서비스가 어떻게 동작할지 보여줘야 한다. 실제와 유사한 환경에서 관련된 오브젝트의 프로토타입과 함께 진행할 수 있다면 좋을 것이다. 이렇게 해야만 서비스의 흐름에 따라 사용자가 경험하는 느낌을 실제로 알 수 있다.

^V FGI Focus Group Interview

포커스 그룹 인터뷰는 여러 명의 소비자들을 초대하여 사전에 짜 둔 순서와 방법으로 숙련된 모더레이터가 토의를 진행하는 인터뷰방법이다. 보통 1~2시간 정도 걸리며 제품에 대한 사용 경험 등을 참가자들 간에 이야기 나누도록 하여 제품의 장단점 등을 파악하는 데 사용된다. 간혹 니즈 파악을 위해 사용자 행태를 알아내는 데 사용하는 실수를 저지르곤 하는데, 사용자 행태의 파악은 개인에 대한 깊은 이해를 필요로 하는 것이기 때문에 개인별 시간이 많이 주어지고, 타인에 의한 왜곡이 적은 심층 인터뷰가 적절하다. 니즈의 도출을 위해서는 심층인터뷰를 진행하고 제품 품평회를 하고 싶다면 포커스 그룹 인터뷰를 진행하면 된다고 볼 수 있다.

^{VI} 유니버설 디자인 Universal Design

장애의 유무나 연령 등에 관계없이 모든 사람들이 제품, 건축, 환경, 서비스 등을 보다 편하고 안전하게 이용할 수 있도록 설계하는 것으로, "모두를 위한 설계 Design for All"라고도 한다.

장애인 및 고령자 등의 사회적 약자들의 사회생활에 지장이 되는 물리적인 장애물이나 심리적인 장벽을 없애기 위해 실시하는 운동 및 시책을 말한다. 일반적으로 장애인의 시설 이용에 장애가 되는 장벽을 없애는 뜻으로 사용되고 있다.

* 출처: 서비스디자인 플랫폼 servicedesignplatform.com, 위키피디아

서성원

홈플러스㈜(TESCO) 개발건설부문 PM/디자인 파트장

광고계에서 100여 편의 TV CM 제작플래너로 일하다가 문득 자본주의와 소비문화가 축약된 대형마트가 최고의 미술·디자인 학교이자, 현대의 갤러리가 아닐까 하는 '앤디 워홀'적 생각에 홈플러스(테스코)에 입사한 자칭 디자이너+마케터+공간설계자가 융합된 제너럴리스트이다.

OFFLINE
STORE

영업 극대화 전략

라인 매니지먼트를 활용하라

‘사람은 줄을 잘 서야 한다’는 말이 있다. 훈련소에서 부대 배치를 받을 때 무심코 선 줄에 따라 희비가 갈리기도 하고, 회사생활에서도 줄을 잘 서야 출세한다는 농담 아닌 농담이 있다. 이처럼 줄을 잘 서야 하는 곳이 하나 더 있으니, 그곳은 바로 상점 내 계산대 앞이다.

쇼핑을 마치면 재빨리 계산을 하고 매장을 나오고 싶은 게 대다수 고객들의 심리일 것이다. 그냥 별 생각 없이 대충 줄을 서는 사람도 있겠지만, 나름의 노하우를 바탕으로 빠른 시간 안에 두뇌를 회전하여 고심 끝에 줄을 선택하는 사람도 있고, 줄이 짧아지는 상황에 따라 이 줄 저 줄을 옮겨 다니는 사람도 있다. 각 계산대의 줄 중에서 어느 줄이 제일 짧은지를 살피는 것은 기본이며, 각각의 줄에 선 사람들의 장바구니에 어느 정도 양의 상품들이 채워져 있는지, 어느 계산원의 손놀림이 빠른지 이것저것을 살핀다. 이렇게 고심 끝에 줄을 선택했는데, 나보다 늦게 와서 다른 줄에 선 사람이 빨리 계산을 마치고 매장을 나서는 모습을 보면 심통이 나고 부글부글 끓는다.

‘줄’은 수요량에 맞게 공급이 원활히 뒷받침되지 않음, 즉 서비스의 지연을 의미한다. 줄을 서서 기다리는 것을 좋아하는 사람은 아마도 없을 것이다. 따라서 매장에서는 줄 서기를 통해 발생하는 고객의 스트레스를 덜어주기 위해 다양한 방법을 모색하기도 하고, 이를 훈장처럼 과시하기도 한다. 이는 비즈니스 방식에 따라 라인 매니지먼트 방식이 다르기 때문이다.

① 줄을 없애라

계산대에 서서 기다리는 시간이 길어지면 고객의 불만은 상승하고, 상점에 대한 만족도는 떨어진다. 또한 대기시간이 길어질 때 고객이 느끼는 체감 대기시간은 실제보다 길다고 한다.

쇼핑을 과학으로 끌어올린 최초의 책『쇼핑의 과학Why We Buy』의 저자 파코 언더힐Paco Underhill이 CEO로 있는 리테일 컨설팅사 엔바이로셀Envirosell은 스톱워치를 사용해 줄 선 쇼핑객들이 스스로 느끼는 대기시간과 실제 대기시간을 비교해 보았다. 처음 2~3분 정도까지는 쇼핑객들이 느끼는 시간이 실제 시간과 거의 일치했다. 하지만 대기시간이 3분 이상이면 1분이 지날 때마다 그들이 느끼는 대기시간은 곱절로 늘어났다. 따라서 만약 실제 기다린 시간이 4분이면 고객은 "난 5~6분 기다렸어", 5분이면 "난 10분을 기다렸어"라고 답한 것이다. 따라서 고객이 체감하는 기다림의 시간을 줄이고 고객만족도를 높이고자 한다면, 고객의 대기시간이 3분 이상이 되지 않도록 해야 한다.

Fun, 줄 서는 시간을 잊게 하라

한 연구 논문에 따르면, 줄에 서서 기다리는 시간이 길수록, 고객의 만족도는 떨어지지만, 줄 서서 기다리는 대기시간에 집중이 분산될 수 있는 장치를 마련하면 기다리는 시간이 좀 더 흥미로워져 고객만족도가 증가되는 경향이 있다고 한다.

예를 들어, 계산대 쪽에 모니터가 설치되어 재미있는 동영상이 재생되거나, 브랜드 홍보용 광고를 노출시키는 것들은 우리가 흔히 경험할 수 있는 예이다. 더불어 기다리는 동안 고객이 함께 참여할 수 있는 엔터테인먼트적 장치를 가미한다면 체감 대기시간을 좀 더 줄일 수 있을 것이다. 고객이 시계를 보며 전전긍긍하는 것이 아니라 그 시간을 브랜드 경험의 기회로 장악해 버린 월트 디즈니사가 그 대표적인 예이다.

● 재미를 선사하는 월트 디즈니

디즈니 월드에서는 놀이기구를 타려는 줄이 길어질 경우, 디즈니 만화 캐릭터 탈을 쓰고 인형 옷을 입은 직원들이 기다리는 사람들을 즐겁게 해 기다림의 지겨움을 잠시나마 잊게 해준다. 또한 디즈니 스토어의 경우, 휴일기간과 성수기에는 직원들이 디즈니 퀴즈로 줄 선 고객들을 즐겁게 해주기도 한다. 그러나 고객이 계산대에 도달하면 효율성에 초점을 맞춘다. "계산대에 도달하면 고객이 필요한 모든 것을 샀는지, 쇼핑백은 더 필요하지 않은지, 선물용 영수증이나 상품권이 필요하지는 않은지 등을 확인하게 한다"고 디즈니 스토어 소매부문 수석부회장 폴 가이너는 말한다.

● 의외의 아이템으로 시선을 사로잡는 올드 네이비

보통 리테일러들은 계산대 앞줄에서 대기 중인 고객들에게 하나라도 더 팔기 위해 계산대 주변에 충동구매를 불러일으킬 만한 제품들을 진열해 놓는다. 주로 슈퍼마켓에서 많이 사용하는 이러한 방식은 이런저런 제품을 진열하다 보면 정신없이 지저분해 보이기 일쑤다. 하지만 갭Gap의 자회사 올드 네이비Old Navy의 방식은 조금 색다르다. 식료품점들이 계산대 근처에 충동구매용 물품들을 놓아두는 관행처럼, 올드 네이비도 계산대 근처에 충동구매 물품을 놓되, 매장이 슈퍼마켓 같아지는 것을 피하기 위해 옷가게에서 볼 수 없는 의외의 아이캐칭eye-catching 제품들－특선 탄산음료, 슈퍼히어로 런치박스, 번쩍이는 포장의 돼지저금통 등－을 활용하고 있다. 향수를 불러일으키면서도 유용한 제품들을 배치해 계산을 기다리는 동안 고객에게 눈요깃거리를 제공함과 동시에 추가 구매를 유도하는 것이다.

Live, 줄의 진행상황을 중계하라

파코 언더힐에 따르면, 소비자들은 줄 앞에 직원이나 전광판이 있어서 어느 계산대에서 손님이 빠졌는지를 안내해 줄 경우 스트레스를 덜 받는다고 한다. 테스코, 웨이트로즈, 홀푸즈 마켓, 스타벅스, 트레이더 조 등의 식료품 체인은 이 방법을 이용하며, 유니클로, 톱숍, 노드스트롬 랙 등의 의류 스토어들도 때때로 이 같은 방법을 활용한다.

<table>
<tr><td>영국 의류 브랜드 톱숍의 계산대</td><td>영국 슈퍼마켓 웨이트로즈의 계산대</td></tr>
</table>

계산대에 손님이 빠지면 숫자가 새겨진 전광판에 불이 들어와 어느 계산대에 손님이 비었는지를 알 수 있게 해준다. 계산대 전광판에 불이 들어옴과 동시에, '몇 번 계산대인지' 음성 안내가 더불어 지원된다. 한 줄 서기로 대기하고 있던 고객은 자신의 차례가 되었을 때 '전광판 불과 음성안내'로 쉽게 자신의 계산대를 찾아갈 수 있다. * 출처: qmatic.com

홈디포는 캐셔들이 계산대 앞에 서 있도록 해 고객이 어느 계산대가 열려 있는지 알 수 있게 하는 방식으로 줄 서는 시간을 단축하고 있다. 이는 2010년 캐셔 훈련을 업데이트하면서 시작한 방식이다.[6]

Self, 직접 하게 하라

● **셀프 계산대** Self Check-out

셀프 계산대는 고객이 직접 계산대에서 바코드를 스캔하는 방식으로 계산하는 시스템이다. 신용카드와 현금 모두 결제 가능하다. 1990년대 중반에 도입되어 지금까지 널리 사용되고 있다. 2008년 말 기

6 "상점에서 가장 빠른 줄 찾기(Find the Best Checkout Line)", 월스트리트 저널, 2011.12.08.

준으로 전 세계에 걸쳐, 대형 마트와 편의점, 대형 상점 중심으로 약 92,600여 대가 설치되어 활용되고 있고, 2014년경에는 약 43만여 대로 확대될 전망이다.

주로 미국과 유럽에서 활발히 활용되고 있으며, 최근 일본에서도 점차로 확대되는 추세이다. 월마트, 홀푸즈 마켓, 테스코, 막스 앤 스펜서 Marks & Spencer, 세인스버리 Sainsbury's와 같은 대형 슈퍼마켓과 그 외 편의점, 이케아, 홈디포와 같은 대형 상점을 중심으로 널리 활용되고 있다. 국내에서는 2005년에 홈플러스 영등포점에 설치한 것을 시작으로 지금까지 80여 매장에 300여 대를 운영 중이다. 홈플러스는 셀프 계산대 설치에 적극적인 데 반해 이마트와 롯데마트는 국내 소비자들에게는 셀프로 계산을 하는 시스템이 익숙지 않다고 판단해 셀프 계산대의 도입에 신중한 입장이다. 이마트는 2007년 3개 점포에서 시범 실시한 바 있으나 이후 추가 설치된 점포는 없다.

셀프 계산대는 한정된 인력으로, 더 많은 수의 계산대를 가동시킬 수 있다는 효율성 덕에 여러 대형 리테일러들이 매장에 도입하여 활용하고 있다. 인력을 절감하거나 혹은 남은 인력을 유연하게 운용할 수 있기 때문이다.

일반적으로 계산대 상부에 모니터 카메라를 설치하여 부정을 방지하고, 동시에 도우미 겸 감시원 역할을 하는 점원이 여러 셀프 계산대들을 두루 살피는데 계산대 수보다 적은 인력으로 유지가 가능하다.

고객의 입장에선 줄이 긴 일반 계산대를 피해, 비교적 한산한 셀프 계산대를 이용하면 빠르게 계산을 마치고 매장을 나올 수 있기에 선호하고 있다. 특히, 많은 제품을 사지 않은 경우 셀프 계산대를 이용하면 요긴하다. 공항에서 체크인할 때 길게 늘어선 줄을 피해, 셀프 체크인 기계를 이용하면 빠르게 탑승 수속을 완료할 수 있는 것과 비슷하다고 볼 수 있다.

기존 전통방식의 계산대에 셀프 계산대를 추가함으로써 고객에게 선택의 여지를 늘려 쇼핑 편의를 도모한다는 목적으로 월마트는 총 3,800개 매장 중 1,600곳에 셀프 계산대를 설치하여 운영하고 있고, 매주 수백만 건의 결제가 이 기계를 통해 이루어진다. 또한 2013년까지 1,200여 매장에 10,000대를 추가 설치할 예정이다.

영국 최대 슈퍼마켓 체인인 테스코는 265개 매장에서 셀프 계산대를 사용하고 있고, 총 구매건의 25%가 셀프 계산대를 통해 이뤄진다. 세인스버리 슈퍼마켓의 경우 총 220개 매장에 셀프 계산대가 설치되어 있고 계속 설치를 늘릴 계획에 있다(2009년 말 기준).

하지만 셀프 계산대를 부정적으로 바라보는 이들도 많다. 우선 고객 입장에서 생각해보면, 제품을 바코드에 스캔하고, 결제하는 작업은 매장으로부터 받아야 할 서비스인데, 소비자가 대신, 그것도 무료로 봉사해주는 상황으로 느껴질 수도 있기 때문이다. 또한 기계 조작이 미숙할 경우, 일반 계산대에서 점원을 통해 계산하는 편이 차라리 더 빠를 수도 있고, 본인은 기계 조작이 능숙하더라도 앞 사람이 사용에 애를 먹고 시간을 지체하면 이 역시 문제이기 때문이다. 또한 계산대에서 계산을 하는 순간은 매장 측과 고객이 서로 마주하여 커뮤니케이션할 수 있는 기회의 시간인데, 이마저 테크놀로지로 대체할 수는 없다고 생각하는 리테일러도 있고, 경제 불황에 따른 구직난이 심각한 시대에 사람이 하던 일을 기계로 대체하는 것에 대해 우려하는 사회적

점원 계산대 옆에 함께 위치한 셀프 계산대의 모습 * 출처: j-sainsbury.co.uk

여론도 있다.

뿐만 아니라 셀프 계산대에서는 고객이 나쁜 마음을 먹는다면 절도가 용이하기에 이를 걱정하는 이들도 있다. 실제로 계산대에서 일어나는 절도 행위를 감지해주는 비디오 분석 소프트웨어를 유통하는 숍리프트 체크아웃 비전 시스템 Shoplift Checkout Vision Systems 측에 따르면, 셀프 계산대에서 일어나는 절도 행위가 일반 계산대보다 5배가량이나 더 높다고 한다. 이 같은 이유로 미국의 빅 와이 Big Y 슈퍼마켓과 앨버트슨스 Albertsons LLC. 슈퍼마켓은 셀프 계산대를 매장 내에서 철수시키기도 했다.

이런 일부 리테일러의 움직임을 보고 자칫 셀프 계산대가 한물간 방식의 테크놀로지라고 생각할지도 모르겠다. 하지만 IHL Group의 자료에 의하면, 셀프 계산대를 도입하는 리테일러들이 계속 늘어나는 추세여서, 2011년 셀프 계산대의 선적량이 6% 상승했고, 셀프 계산대의 설치 양이 2010년에 전년 대비 17% 상승했다. 또한 2016년까지 연평균 15%가량 성장을 계속 이어나갈 것으로 전망하고 있다.

셀프 계산대는 장점뿐만이 아니라 단점 역시 지니고 있기에 매장으로의 도입 여부는 리테일러의 선택에 달렸다. 하지만 상황에 따라 점원 계산대와 셀프체크아웃을 선택적으로 이용할 수 있도록 고객에게 '선택'의 여지를 준다면 쇼핑 편의를 도모하는 데 유용할 것이다. 줄이 길어지면, 대기 인원 없는 셀프 계산대를 통해 빨리 매장을 탈출하고자 하는 고객은 분명 존재할 테니까.

● 모바일 셀프 스캐닝 Mobile Self Scanning

모바일 셀프 스캐닝 시스템은 2005년 스위스의 슈퍼마켓 체인 쿱 Coop에서 세계 최초로 도입된 후, 점차 여러 나라의 슈퍼마켓으로 확산되고 있다. 이 기기는 고객의 쇼핑 체험의 질을 높일 뿐 아니라, 캐셔 인력의 절감이 가능하기에 고임금으로 부담이 큰 유럽의 리테일러들이 보다 적극적으로 도입하고 있는 추세이다.

모바일 셀프 스캐닝 시스템은 앞에 설명된 셀프 계산대와 마찬가지로 직원이 아닌 소비자가 직접 제품의 바코드를 스캔하고 계산을 완료하는 방법인데, 차이점은 쇼핑을 마치고 출구에 위치한 계산대로 가서 계산대에 연결된 스캐너를 이용하는 것이 아니라, 매장에서 제공하는 개인 휴대용 스캐너를 소지하고 있다가 쇼핑 물품을 카트에 담으며 바코드를 미리 스캔해두는 방식이다. 스캔하는 동시에 구입하는 제품들의 총액을 자동 누적하여 보여주는 기능러닝 탤리running tally이 있기에 쇼핑 예산을 고려하며 쇼핑할 수 있고, 바코드에 찍힌 제품들을 자동으로 인식한 기기는 해당 제품과의 연관 상품을 싸게 살 수 있는 전자쿠폰을 즉시 발급해 주기도 한다. 예를 들어, 파스타 면을 카트에 넣으면 파스타 소스를 할인된 가격으로 살 수 있는 쿠폰이 기기를 통해 즉시 발급되는 식이다.

쇼핑을 완료하면 지정된 계산대에 가서 스캐너를 전달하고 바로 결제하면 된다(결제도 셀프로 진행하도록 설계된 매장도 있다). 미리 쇼핑 물품의 바코드를 스캔해둔 덕에 계산대에서는 별도의 작업 없이, 스캐너 데이터를 영수증으로 출력해 결제만 하면 된다. 또한 줄을 서서 물품을 계산대에 일일이 올려놓는 수고를 덜 수 있어 편리하다.

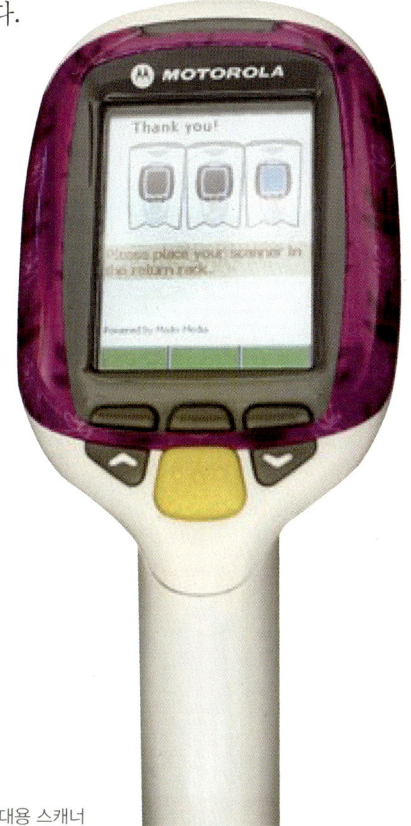

휴대용 스캐너

1 매장 입구에 비치된 휴대용 스캐너를 챙긴다.

2 제품을 카트에 담기 전에 기기로 바코드를 스캔한다.

3 카트에 담은 물품대의 총계가 기기에 자동 누적으로 표시되어 쇼핑 예산을 고려한 쇼핑이 가능하다. 카트에 담은 물품과 관련된 상품을 싸게 살 수 있는 할인 쿠폰이 기기상에 팝업되어 연관 상품 추가 판매에도 도움이 된다.

스톱 앤 숍Stop & Shop 매장에서 고객이 휴대용 스캐너를 활용하는 모습 * 출처: online.wsj.com

앞에서 설명한 방식은 고객이 직접 쇼핑하며 휴대하고 있는 스캐너로 스캔하는 방법이었다면, 홈디포와 디즈니 스토어는 이와는 약간 다른 방법으로 모바일 스캐닝 시스템을 활용하고 있다. 고객이 아닌 점원이 계산대 앞에 줄 서 있는 고객을 상대로 직접 미리 스캔해주는 방식이다. 홈디포는 줄을 서는 사람 수가 세 명 이상일 경우 '라인 버스터line busters'라 불리는 직원들을 풀어 기다리고 있는 쇼핑객의 카트 안에 든 물품들을 미리 스캔한다. 디즈니 스토어 역시 줄을 선 고객의 물품을 미리 스캔하는 방식을 일부 매장에 적용하였고, 점차 확대 적용할 예정이다.

모바일 스캐닝 시스템을 도입하기 위해선 리테일러의 투자가 필요하다. 우선 수십 혹은 수백 개의 휴대용 스캐너를 구입해야 하고, 또 이것들을 비치할 수 있도록 매장 출입구 주변에 공간을 마련해야 한다. '매장 공간은 곧 돈'임을 감안한다면 리테일러들에게 조금 부담이 될 수 있다. 따라서 이 같은 부담을 덜 수 있는 새로운 솔루션이 최근 개발되었다. 별도의 휴대용 스캐너를 사용할 필요 없이, 고객이 소지한 스마트폰을 바코드 스캐너로 활용하는 방법이다.

월마트의 디지털 테크놀로지를 연구하는 월마트랩스는 매장에서 제공하는 스캐너가 아닌, 고객이 휴대한 스마트폰을 가지고 셀프로 상품을 스캔하고 계산하는 모바일 결제 시스템 '스캔 앤 고Scan and Go'를 개발 중에 있다. 2012년 8월 말 헤드쿼터 근처에 위치한 월마트에 아이폰을 소지한 직원, 가족 및 지인들을 초청하여 시험해 보기도 하였다. 향후 스캔 앤 고가 성공적으로 매장에 안착하게 되면 계산대 점원들의 보수로 초당 1,200만 달러를 지급하는 미국 월마트의 인건비 절감에 크게 기여할 것으로 전망되고 있다.

큐스루QThru라는 모바일 솔루션 회사도 매장에서 스마트폰으로 셀프 계산을 할 수 있는 기술을 제공한다. 큐스루의 결제 앱은 다운로드한 앱에 카드 결제 정보를 입력해 놓아 휴대폰으로 바코드 스캔뿐만 아니라, 결제까지 모두 가능하다. Ridge IGA 슈퍼마켓에서 시범 운영을 마친 큐스루는 향후 슈퍼마켓 및 하드웨어 스토어 등에 서비스 영업을 본격화할 전망이다.

Wherever, 매장 내 어디서나 POS 솔루션

요즘은 많은 매장에서 휴대용 카드 단말기를 활용하고 있다. 별도의 POS[7] 카운터에 들를 필요 없이 고객의 구매 결정 시점에 즉시 현장에서 결제할 수 있다는 장점 때문에 여러 브랜드가 운집하여 POS카운터를 공유하는 백화점 공간에서 특히 많이 사용된다. 그런데 이 기계 사이즈가 농담 섞어 비유하자면 거의 '벽돌'만 한 수준이라 주머니에 넣고 다니는 건 꿈도 못 꾸고, 필요할 때 즉시 사용하기 위해 직원들이 항시 소지하고 다니기가 여간 쉽지 않다. 그러나 애플은 혁신적인 테크놀로지 회사답게 이 같은 애로사항을 그들만의 스마트한 방법으로 진화시켰다.

---

7 POS Point of Sale: 금전등록기와 컴퓨터 단말기의 기능을 결합한 것으로 판매시점 정보관리 시스템이라고 한다(네이버 지식백과 참조).

● 애플만의 휴대용 POS와 이지페이, 애플 스토어

얼마 전 인터넷 커뮤니티에는 '배신감 돋는 사진'이라는 제목의 사진이 한창 인기리에 떠돌았다. 사진 속에는 라이벌 관계에 있는 회사들의 직원이 서로의 상품을 사용하는 재미있는 상황이 담겨 있다.

맥도날드 마스코트인 로널드 맥도날드는 경쟁사인 버거킹, KFC에서 식사하고, 펩시 직원은 영원한 숙적인 코카콜라를 마신다. 코카콜라 직원 역시 펩시콜라를 마시기는 마찬가지이다. 게다가 삼성 에어컨 매장에서 경쟁사인 LG 에어컨을 사용하고 있다니! 네티즌들은 웃고 넘기겠지만, 해당 브랜드로서는 배신감이 들 뿐 아니라, 그야말로 굴욕이다.

인터넷 커뮤니티에 인기리에 떠돌았던 '배신감 돋는 사진' * 출처: news.zum.com

2008년 1월 뉴욕에서 열렸던 NRF National Retail Federation, 전미 소매업 연합회 컨퍼런스에 참가한 컴퓨터 주변장치 제조사 IPC Infinite Peripherals는 POS 단말기를 둘러보고 있는 애플사 리테일팀을 만나게 된다.

"애플 매장에선 결제할 때 경쟁사에서 만든 POS를 쓰고 있던데요?"

IPC사의 CEO인 제프리 스콧 Jeffrey Scott은 그들에게 이렇게 말을 건넸다. 당시 애플 스토어에서는 심벌 테크놀로지 Symbol Technologies사에서 만든 휴대용 POS단말기에 Windows CE—마이크로소프트사가 핸드헬드 PC용으로 개발한 운영체계—를 소프트웨어로 사용하고 있었다. 애플은 이 심볼 테크놀로지사의 POS단말기를 2005년에 구입하였고, 심볼 테크놀로지는 2006년에 모토롤라 Motorola에 인수되었다. 따라서 엄밀히 말하면 애플은 모토롤라와 마이크로소프트라는 동종업계 경쟁사의 제품을 매장에서 사용하고 있는 셈이었다. 이는 첨단 테크놀로지를 선도하는 애플에 있어서 치명적 굴욕이 아닐 수 없었다. 더욱이 강력한 팬덤[8]을 자랑하는 애플의 고객이라면, 특히 애플 제품의 디테일 한 하나하나까지 주의를 기울이고 애정을 주는 애플 팬이라면, 이 같은 상황에 크게 실망하고도 남을 법한 일이다.

이렇게 컨퍼런스장에서 IPC와 애플의 만남은 기존의 POS단말기를 제치고, 애플 스타일의 신개념 POS를 도입시키는 계기가 된다. IPC개발팀은 아이팟 터치 iPod touch를 단말기의 기본 보디 body로 삼고, 이것에

---

8 팬덤Fandom: '광신자'를 뜻하는 '퍼내틱(fanatic)'의 팬(fan)과 '영지(領地)·나라' 등을 뜻하는 접미사 '덤(–dom)'의 합성어이다. '퍼내틱'은 라틴어 '파나티쿠스(fanaticus)'에서 유래한 말로, 교회에 헌신적으로 봉사하는 사람을 일컫는다. 후에 특정한 인물이나 분야를 열성적으로 좋아하거나 몰입하여 그 속에 빠져드는 사람을 가리키는 용어로 사용되고 있다(두산백과 참조).

POS 기능을 가능하게 해주는 주변장치를 부착하는 형태로 개발을 진행한다. 단계마다 애플 리테일팀과 결과물을 공유하였고, 그들의 피드백과 제안에 맞춰 기기를 개선해 나갔다. IPC개발팀이 애플 리테일팀에 아이팟 터치 POS의 최종 결과물을 선보였을 때 그들의 반응은 이랬다.

"이건 거의 세발자전거에서 람보르기니로 갈아타는 수준이네요!"

그리고 마침내 2009년 11월, 만여 대가 270여 곳의 애플 스토어에 공급된다. 드디어 애플 스토어가 굴욕을 떨치는 순간을 맞이하게 된 것이다.

새로운 '아이팟 터치 POS'는 디자인과 기능적인 면에서 혁신 그 자체였다. 이전의 단말기에 비해 훨씬 슬림해졌고, 무게도 더 가벼워져서 직원들이 주머니에 소지하기에 수월했다.

또한 기존의 POS에서는 상상할 수 없었던 기능들을 겸비하고 있다. 일반 아이팟 터치 기기와 마찬가지로, 애플의 앱 스토어를 통해 본체에 앱을 다운로드할 수 있기에 POS 결제 관련 앱 그리고 기본 내장 앱뿐만 아니라, 그 외 기타 앱들을 다운로드해 다용도로 기기를 활용할 수 있다. 본 기기를 통해 카드 결제가 승인되면 디지털 영수증을 고객에게 전송할 수 있는데, 종이 영수증을 별도로 원하는 고객에게는 무선 네트워크로 연동된 미니 프린터를 통해 영수증을 출력해 줄 수 있다. 또한, 단말기를 주머니에 휴대하며 필요시 제품에 대한 정보 및 가격 등을 즉석에서 검색할 수 있다.

매장 내 스마트기기를 이용한 결제기기의 선구적 도입으로 리테일 업계에 센세이션을 불러일으켰던 애플의 노력은 거기서 멈추지 않았

애플 스토어에서 사용 중인
아이팟 터치 POS단말기
* 출처: ipcprint.com

애플 점원이 휴대하고 있는
아이팟 터치 POS단말기로
결제를 처리하고 있다.

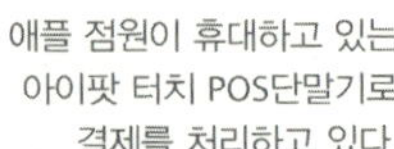

아이팟 화면에 결제 후 사인한 모습
구매가 완료되면 고객의 의사에 따라
이메일 혹은 종이 형태로 영수증을 발급해준다.
* 출처: appleinsider.com

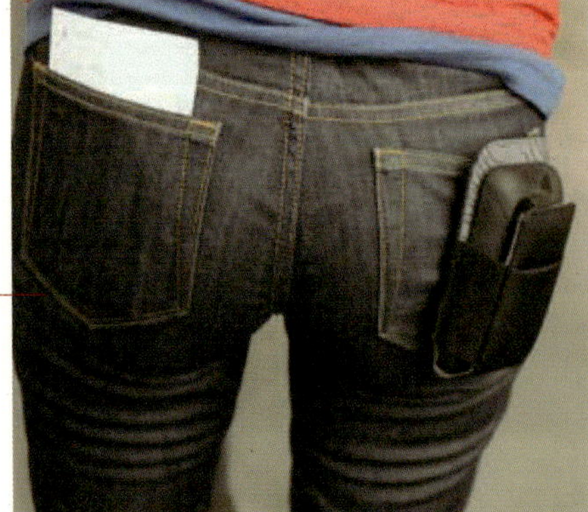

POS단말기를 휴대한 모습
* 출처: ifoapplestore.com

다. 2011년 11월 이지페이EasyPay라는 모바일 셀프 체크아웃 앱을 내놓아 또다시 이슈를 만든 것이다.

이지페이는 소비자가 자신의 아이폰을 이용해 셀프로 제품 바코드를 스캔하고, 계산할 수 있도록 한 애플리케이션이다. 결제는 아이튠스iTunes 계정을 통해 신속히 완료할 수 있으며, 결제가 완료되면 전자 영수증이 발급되어 매장을 나올 때 점원에게 구매 제품과 전자 영수증을 보여주면 된다.

본 앱은 공급 초기에는 미국에서만 사용할 수 있었으나 현재는 캐나다 · 프랑스 · 이탈리아 · 스위스 · 독일에서도 사용 가능하다.

Scan: 제품의 바코드를 스캔한다.
Learn: 바코드를 스캔하면 제품에 대한 정보를 추가적으로 알 수 있다.
　　　 (제품 스펙, 사용자 리뷰, 별점 등)
Pay: 애플 ID로 로그인 후, 신용카드와 연동되어 있는 아이튠스 계정으로 결제한다.
* 출처: appleinsider.com

● 애플 POS 따라잡기, 노드스트롬 · 어반 아웃피터스

애플 매장에는 아이팟 터치 POS단말기를 눈여겨본 다른 리테일러들의 문의가 쇄도했다. 자신의 매장에 애플과 같은 형태의 POS를 들여놓고 싶었기 때문이다. 원래는 애플 매장이 독점으로 활용하던 기기와 소프트웨어였으나 이후 애플은 다른 리테일러들에게도 이를 오픈하고, 애플과 서드파티[9] 업체들의 협업으로 상용화하게 된다. POS단말기를 위한 하드웨어도 아이팟 터치뿐만 아니라 아이폰, 아이패드로 확대했다.

또한 POS 업무를 볼 수 있는 앱 외에도, 리테일 관련 업무를 처리할 수 있는 앱들이 추가적으로 개발되어 기기의 기능성을 배가하고 있다. 앱을 통해 카드 결제, 환불 및 제품 교환과 같은 기본 POS 기능 외에도, 제품 정보 확인, 재고 수량 확인 및 관리, 제품 발송 및 배송 추적 업무를 처리한다거나, 고객 관리 프로그램과도 연동하여 고객을 관리하는 데 쓰이기도 한다.

본 기기를 사용하는 산업 영역도 점차 확대되어 리테일업계뿐만 아니라 접객 · 보안 · 의료업계 등에서도 다양한 기능을 목적으로 활용되고 있다.

---

9 서드파티third party: 컴퓨터 제조업체, 컴퓨터 제조업체의 자회사 또는 하청업자로서가 아니고, 독자적으로 개인용 컴퓨터(PC)의 주변장치나 응용소프트웨어를 개발, 제조, 판매하는 사업자를 총칭한다. 컴퓨터 제조업체 측에서 보면 자사의 컴퓨터를 위한 부가장치나 소프트웨어가 많은 기업에서 발매되면 결과적으로 자사의 하드웨어 매상이 증가하기 때문에 특허료나 저작권료를 제3자에게 청구하는 예는 드물고, 오히려 부가장치나 소프트웨어의 개발을 제3자에게 맡김으로써 제3자를 육성하는 경우가 많다(네이버 지식백과 참조).

아이팟 POS단말기를 매장 내 결제 기기로 사용하는 리테일러는 노드스트롬Nordstrom 백화점, 어반 아웃피터스Urban Outfitters, 세포라Sepohra, 로스Lowe's, 시어스Sears, 디즈니 스토어와 같은 유명 리테일러들이다. 특히, 어반 아웃피터스는 아이팟 POS단말기 외에도, 기존의 금전등록기(캐시 레지스터cash register)를 아이패드iPad로 교체하였다. 2012년 9월, 어반 아웃피터스의 애널리스트 데이analyst day에 CIO 캘빈 홀링거Calvin Hollinger는 프레젠테이션 중 미래형 리테일 POS 시스템에 대해 언급하며, 아이패드 POS에 대한 극찬을 아끼지 않았다. 기존의 고정식 POS보다 금액이 1/5로 훨씬 저렴할 뿐만 아니라, POS단말기 외에 부가적인 기능들을 갖추고 있고, 슬림한 사이즈와 가벼운 무게 덕에 사용하지 않을 때 계산대 테이블에서 잠시 치워둔 후 선물 포장 혹은 머천다이징과 같은 일들을 볼 수 있어 계산대의 공간 활용 측면에서도 효율적이라 평가했다.

어반 아웃피터스 매장에 설치된 아이패드 POS단말기 * 출처: ipadenclosures.com

2011년 중반, 노드스트롬 백화점은 117개 매장에 6,000대의 아이팟 POS를 공급하였다. ≪포브스 Forbes≫는 2012년 4월 "노드스트롬, 모바일 POS기기 도입 이후 매출이 상승하고 있다 Nordstrom Sees Sales Boost From Mobile POS Devices"라는 제목의 기사를 싣는다. 기사 내용은 노드스트롬의 2012년 1분기 영업실적이 전년 대비 15.3% 상승했고, 2011년 평균 판매가 selling price와 판매 제품 수량이 전년 대비 상승했음을 언급하며, 아이팟 POS를 도입한 이후에 평균 판매가와 판매 제품 수량이 상승했다는 것은 단순한 우연의 일치는 아닐 것이라고 분석하고 있다.

소비자가 결제를 위해 계산대에 다다르는 동안, 자신의 구매 건에 대해 합당한 구매인지 생각해보게 되는데 이 시간을 단축시킴으로써 매출에 큰 효과를 불러 왔다고 ≪포브스≫는 분석하고 있다. 일반적으로, 소비자가 결제를 위해 계산대로 걸어가는 동안, 그리고 대기자가 있을 경우 줄을 서서 자신의 순서를 기다리는 동안 고객은 자신의 구매가 합당한지 재차 생각하게 된다. 그리고 이 생각의 시간에 자신의 구매에 대해 더 큰 확신을 갖게 될 수도 있고, 좀 더 생각해보니 굳이 살 필요가 없을 것 같아 구매를 포기해 버릴 수도 있다. 이런 상황에서 휴대용 POS는 고객이 구매를 결정하자마자 바로 옆에서 점원이 결제를 처리할 수 있기에 고객의 '생각의 시간'을 최대한 단축시킬 수 있었고, 결과적으로 매출 증진에 기여한 것이다.

바코드 스캔 후,
신용카드로 결제하는 모습
* 출처: nytimes.com

결제할 제품의 바코드를
아이팟 터치 POS에 탑재된
스캐너로 스캔하는 모습

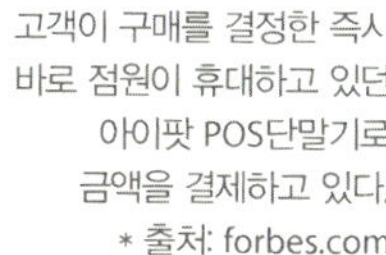

고객이 구매를 결정한 즉시
바로 점원이 휴대하고 있던
아이팟 POS단말기로
금액을 결제하고 있다.
* 출처: forbes.com

● 이름만 말하면 결제 완료, 스퀘어 월렛

매장의 계산대에서 지갑을 꺼낼 필요도 없이 점원에게 이름만 말하면 계산을 마치고 나올 수 있다?

거짓말 같지만 사실이다. 이는 스퀘어사에서 제공하는 스퀘어 월렛 Square Wallet 가맹점에서 구현되고 있는 시스템이다. 스퀘어 월렛에 대해 이야기하기 전에 먼저 스퀘어 서비스에 대해 알아보도록 하자.

스퀘어는 트위터 공동 창업자인 잭 도시 Jack Dorsey가 2009년 12월 세상에 알린 모바일 결제 서비스이다. 스퀘어는 스마트폰 혹은 아이패드의 이어폰 단자에 스퀘어(사각형) 모양의 조그만 카드 리더기를 연결해 카드 결제를 가능하게 해주는 서비스이다. 스퀘어 카드리더는 시스템 이용자에게 무료로 제공된다. 미국에서 처음으로 서비스가 시작된 스퀘어는 2012년 10월 캐나다로, 2013년에는 일본으로 서비스 지역이 확장되었으며, 점차 세계 여러 나라로 확장될 전망이다.

일반적인 카드 POS 시스템은 초기 설치비용이 들 뿐만 아니라 유지비용이 계속 투입되기 마련인데, 스퀘어는 별도의 시스템이 없어도 스마트폰과 리더기만 있으면 되기에 신용카드 결제 도입이 어려운 푸드트럭, 비상설매장, 소규모 점포를 중심으로 사용이 확산되고 있다. 스퀘어의 연간 결제 규모는 2012년 기준 80억 달러를 넘어섰고, 사용자는 200만 명을 넘었다. 스퀘어 결제 시스템은 모바일 결제의 대표 기술로 각광받던 NFC근거리무선통신보다도 훨씬 빠르게 확산되고 있다. NFC 서비스를 이용하기 위해서는 고객이 별도의 칩이 장착된 NFC 스마트폰을 소지하고 있어야 하며, 매장도 NFC 전용 리더기를 설치해야 한다는 제약이 있다. 하지만 스퀘어는 단순히 별도의 장비 없이 스마트폰(혹은 아이패드)과 앱만으로 서비스가 가능하기에 더 빠르게 시장을 점유할 수 있었다.

이후, 스퀘어사는 이 같은 시장 반응에 힘입어 스퀘어 월렛이라는 후속 서비스를 선보이게 된다. 이는 서두에 이야기했듯, 계산대에서 지갑을 꺼낼 필요 없이 점원에게 이름만 말하면 계산을 마치고 나올 수 있는 거짓말 같은 서비스이다.

이는 고객의 스마트폰과 위성위치추적장치(GPS)를 활용하는 메커니즘과, 사전에 고객이 스퀘어 월렛 앱에 본인 이름, 사진과 함께 신용카드 거래 계정을 설정해 놓았기 때문에 가능한 일이다. 고객이 앱을 통해 해당 매장의 탭을 켠 후 매장에 들어오면, 매장 계산대 모니터에 해당 고객의 이름과 사진이 뜨게 되어, 캐셔 직원은 고객을 인식할 수 있다. 따라서 고객이 이름만 말하면 점원은 모니터상의 사진과 대조하여 동일 인물임을 확인한 후에 결제를 처리한다. 지갑을 열고 카드를 꺼낼 필요 없이 모든 결제가 손쉽게 끝난다.

2009년 말 탄생해 지금까지, 스퀘어는 소규모 매장 및 이동성을 요하는 상인을 주요 타깃으로 비즈니스를 확장하여 왔다. 스퀘어의 결제 시스템을 사용하는 업체들은 영세업자들이 대부분이었는데, 주목할 만한 사실은 최근 모바일 결제 서비스의 선두주자인 스타벅스가 스퀘어의 행보에 동참하고 있다는 것이다.

사실, 스타벅스는 2011년 미국 최초로 모바일 결제 시스템에 쿠폰 적립과 같은 로열티 프로그램을 결합한 독자적인 시스템을 개발하여 매장에 도입한 기업이다. 그야말로 매장 내 모바일 결제 서비스의 선두주자라 할 수 있다. 하지만 기존의 시스템은 선불 형식으로 금액을 미리 충전해 놓아야 하는 번거로움이 있었다. 하지만 카드 계정과 연동되어 후불 결제가 가능한 시스템인 스퀘어 월렛의 도입으로 기존 시스템의 부족했던 부분을 보완하고 있다. 스타벅스는 스퀘어에 2,500만 달러를 투자하여, 하워드 슐츠 최고경영자가 스퀘어의 이사회 멤버로 합류하는가 하면, 2012년 11월부터 미국 7,000여 곳의 매장에 스퀘어 월렛 결제 서비스를 제공하고 있다.

* 출처: square.com

* 출처: betanews.com

스퀘어 카드 리더기를 스마트폰과 아이패드 이어폰 단자에 꽂아 카드를 결제하는 모습

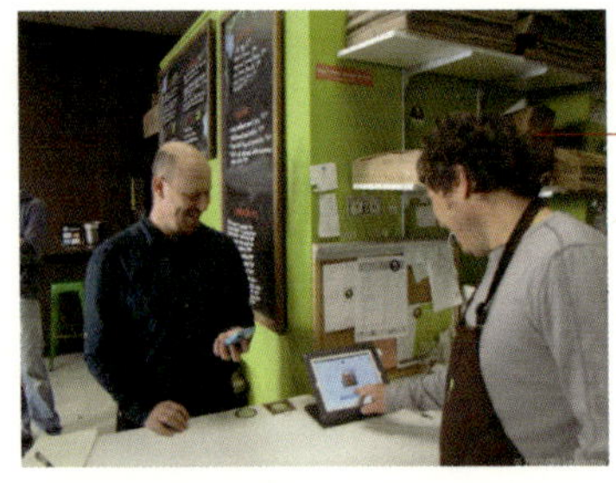

GPS로 인식된 고객 정보가 결제 단말기(아이패드)에 뜬다.
점원은 고객의 이름과 얼굴이
일치하는지 확인 후 결제를 처리한다.
* 출처: betanews.com

스퀘어 월렛으로
결제하는 모습을
담은 동영상 보기

2 줄을 만들어라

맛집 앞에는 서비스를 기다리는 대기 줄이 길게 늘어서기 마련이다. 이렇게 늘어선 줄을 보면 저 집은 얼마나 맛있기에 항상 저렇게 줄이 있지? 나중에 나도 한번 먹어봐야겠다는 생각이 절로 든다. 또한, 유명 아이돌 스타의 콘서트장 입구에 입장을 기다리며 장시간 줄지어 서 기다리는 팬들의 모습은 흔한 풍경이다.

이 같은 긴 줄의 행렬은 비단 유명 맛집 혹은 아이돌 스타의 콘서트장 뿐만이 아니라, 매장에서도 가끔 목격할 수 있다. 그리고 저 매장에서는 도대체 무얼 팔기에 이렇게 줄이 길게 늘어서 있을까 궁금해진다.

과연 줄 서기는 고객에게 부정적인 영향만 주는 것일까? 한 논문 연구에 따르면, 부정적이라고 인식되고 있는 줄 서기에 오히려 소비자의 구매 욕구를 상승시키고 매출을 올릴 수 있는 긍정적 요소가 있다고 한다. 우리가 목표를 향해 줄을 서서 기다릴 때, 나를 기준으로 '앞에 있는 사람들'은 목표를 향해 내가 아직 해야 할, 남아 있는 노력을 상징한다. 반대로 '뒤에 있는 사람들'의 존재는 내가 이 목표를 향해 그동안 이룬 어떤 성취를 상징하게 된다. 줄을 선 사람들은 자신의 뒤에 있는 사람들로부터 성취감을 느끼게 되고 이 성취감은 자신의 '목표', 즉 구입을 위해 기다리고 있는 제품이나 음식, 서비스의 가치를 더 높이 평가하게 하는 요소가 된다. 소비자가 느끼는 제품의 기대가치가 상승하면 그만큼 그 소비자의 지출이 증가할 가능성이 높다. 예를 들어, 더 많은 분량의 제품을 구입한다든지, 더 업그레이드된 제품을 구입하는 방식으로 말이다.

앞에서 계산대의 줄을 단축시켜 최대한 고객의 대기시간을 줄이기 위해 노력하는 기업들의 모습을 살펴보았다면 지금부터는 이와 반대로 "와우!" 하는 탄성이 터지도록 줄을 길게 늘려 이를 훈장처럼 과시하는 예들을 살펴보고자 한다.

매장 내부는 물론 외부로까지 끝도 없이 길게 늘어선 줄은 앞서 얘기했듯 소비자의 제품에 대한 기대 가치를 상승시켜 더 많은 지출의 가능성을 만들어줄 뿐만 아니라, 매장 앞에 길게 줄 서 있는 사람들의 광경은 미디어 커버리지용 기삿감으로 손색없어서 뉴스와 인터넷을 통한 공짜 PR이 가능하기도 하다. 그럼, 매장 앞에 길게 늘어선 줄을 만드는 매장의 비법을 지금부터 살펴보기로 하자.

● 공짜의 유혹, 해롯 백화점과 크리스피크림

필자가 영국 유학 시절 해롯Harrods 백화점에 쇼핑 갔을 때의 일이다. 지하 식품코너들 중 유독 한 점포에만 줄이 길게 늘어서 있었는데, 도대체 무슨 음식을 파는 곳인지 궁금해하지 않을 수 없었다. 줄의 근원지를 거슬러 올라가 보니 그곳은 크리스피크림이라는 도넛 매장이었다. 그곳에서 발견한 즐거운 사실 한 가지는 방금 만들어진 따끈따끈한 도넛을 무료로 주고 있다는 사실이었다. 이 같은 유혹을 뿌리칠 수 없었기에 긴 줄에 동참하여 공짜 도넛을 받아먹고, 괜히 눈치가 보여

도넛 몇 가지를 추가 구매해 집으로 왔던 기억이 있다.

점포 내에서 당일 생산한 신선하고 따끈한 도넛을 공급하는 것으로 유명한 크리스피크림 도넛은 이처럼 '긴 줄'로 유명한데, 그 비법은 바로 공짜 도넛에 있다. 매장의 핫 나우HOT NOW 네온사인에 불이 켜지는 시간은 도넛 극장doughnut theater을 타고 따뜻한 오리지널 글레이즈드 도넛이 만들어져 나오는 시간이자, 더불어 무료 도넛을 받을 수 있는 시간이다. 그 시간이 되면 갓 구워진 도넛을 시식하거나 구매하려는 고객들로 자연스레 긴 줄이 형성된다.

또한 크리스피크림 도넛은 매장 오픈일 전에 고객들이 밤새 줄을 서는 것으로도 유명하다. 매장 측에서 오픈 당일 제일 먼저 입장하는 고객에게 1년 동안 매주 더즌dozen, 12개짜리 한 묶음 한 박스의 무료 도넛을 시식할 수 있는 골드카드를 발급해주는 이벤트와 기념 티셔츠를 나눠주는 등의 각종 오픈 프로모션을 가동하기 때문이다. 브랜드를 향한 고객의 팬덤 그리고 그것을 기반으로 한 오프닝 이벤트는 밤새 늘어선 긴 줄의 원동력인 것이다.

● 가치 있는 줄 서기, 애플 럭키백과 H&M 스페셜 에디션

애플은 매킨토시, 아이팟 그리고 아이맥에서 시작하여, 아이폰, 아이패드까지 수많은 히트작을 만들며 충성고객을 넘어 광신도 수준의 애플 마니아층을 형성해 왔다. 애플의 팬들은 신규 매장이 오픈할 때, 그리고 신제품이 출시될 때, 새벽부터 심지어 하루 이틀 전부터 매장 입구에서 줄지어 매장 오픈을 기다리는 것으로 유명하다.

　일본에서는 이같이 긴 줄이 형성되는 날이 하루 더 있다. 그날은 바로 새로운 해가 시작되는 새해의 첫날이다. 1월 2일 애플 플래그십 스토어에서는 신년을 기념하여 럭키백 한정판을 판매하는데, 이를 사기 위해 사람들은 1월 1일부터 캠프를 하듯 줄을 서기 시작한다.

　애플의 럭키백 이벤트는 복주머니를 뜻하는 일본의 '후쿠부쿠로'에서 시작되었다. 일본에서는 신년을 기념하며 알 수 없는 상품이 가득 담긴 쇼핑백, 즉 후쿠부쿠로를 백화점, 전자상점, 각종 매장 등에서 판매한다. 가격대는 천 엔부터 수십만 엔에 이르고 그 내용물 또한 다양하여 일본인에게 있어서는 새해의 운을 미리 점쳐볼 수 있다는 의미를 갖고 있다. 후쿠부쿠로는 본래 불경기로 인하여 위축된 소비심리의 활성화를 위해 실시되었다가 나날이 인기가 높아져 이제는 일본 소매업계의 연례행사처럼 행해지고 있다.[10]

　2004년 연초 애플 긴자Ginza점에서 처음으로 후쿠부쿠로를 준비해 판매하였는데 반응이 성공적이었다. 그래서 애플은 이를 '럭키백'이라 칭하고 미국과 영국 등지의 플래그십 스토어 오픈일에 프로모션 행사로 활용하기도 하였다.

　럭키백은 구입 전에는 그 안을 들여다볼 수 없고, 오직 구매 후에 열어볼 수 있다. 애플 럭키백은 일반적으로 판매금액보다 더 많은 금액의 제품들이 들어 있으며, 그중 일부는 맥북macbook 같은 고가의 상품들도

H&M과 베르사체의 콜라보레이션 제품을 사기 위해 매장 앞에 길게 늘어선 사람들의 진풍경을 보도하고 있다. * 출처: dailymail.co.uk

있어 사람들은 이런 로또 당첨과 같은 기분 좋은 행운을 얻기 위해 하루 전날부터 긴 줄을 서며 기다리는 일을 마다하지 않는다.

한편 H&M은 지미추Jimmy Choo와 베르사체Versace 등 유명 디자이너 브랜드와 콜라보레이션 라인을 통해 제품 론칭 전부터 주요 미디어의 뜨거운 관심을 받곤 한다. 디자이너 제품을 합리적인 가격에 살 수 있는 기회를 노린 소비자들은 론칭 전날부터 밤새 매장에서 줄을 서서 기다렸고, 이 사실이 BBC뉴스, 《데일리 메일》, 《가디언》지 등에 보도되면서 H&M은 막대한 브랜드 홍보효과를 보았다.

나이키 또한 '에어조던 11 레트로 콩코드'를 한정판으로 출시할 때 해당 제품을 사려는 수천 명의 사람이 매장에서 줄지어 기다렸고, 어수선한 분위기를 정리하기 위해 급기야 경찰까지 출동하는 해프닝이 벌어졌는데 이 역시 미디어에 보도되어 막대한 홍보효과를 보았다. 또한, 180달러 상당의 해당 상품이, 이베이ebay에서 1천 달러까지 값이 치솟기도 하였다.

Vans의 마케팅 매니저 허재석 팀장이 들려주는 "희소성으로 스토리 만들기"

2013년 6월 29일 토요일 오후 1시경, 카시나Kasina 스토어 앞은 슈 컬렉터들로 인산인해를 이루고 있다. 이들은 수주 전부터 반스Vans의 신디케이트 오드 퓨처 팩Syndicate Odd Future Pack, 이하 Odd Future Pack의 출시를 기다려 온 사람들이다.

액션 스포츠·스트리트 브랜드인 반스는 세계적으로 유명한 아티스트 및 브랜드들과의 콜라보레이션 제품을 매 시즌 선보이는 것으로 유명하다. 이들은 미국 캘리포니아의 힙합·스트리트 크루인 오드 퓨처, 그리고 반스의 최상위급 컬렉션인 신디케이트와의 협업 제품인 Odd Future Pack을 손에 얻기 위해 일찍부터 매장 앞 긴 줄의 행렬에 동참하고 있었던 것이다.

드디어, 오랜 기다림 끝에 해당 제품의 영업이 개시되었고, 번호표 추첨을 통해 진행된 제품 판매는 판매 시작 시간이 얼마 지나지 않아 곧 솔드아웃Sold Out 사인이 내걸렸다.

이처럼 제품이 판매 개시되자마자 곧 품절될 수 있었던 데는 본 제품만큼이나 판매방식 또한 특별했기 때문이다. 판매에 대한 전망이 좋았음에도 제품의 희소성을 위해 각 매장에서 판매되는 제품의 수는 모델당 96족으로 한정하였고, 제품이 판매되는 유통 채널 역시 세심히 선정되었다. 엄선된 채널을 통해 한정판으로 발매되는 제품은 구매자로 하여금 '특별한' 제품을 구입하게 된다는 느낌을 주며, 이는 곧 '특별한' 브랜드로 소비자에게 각인될 수 있기 때문이다.

반스는 특히 상위 레벨 제품의 경우, 판매 채널도 까다롭고 신중하게 선택하는데, 반스의 제품 라인 중 최상위 제품군에 속한 신디케이트 라벨의 경우, 미국 본사에서 직접 각 나라의 판매 채널을 선정하는 신중함과 세심함이 수반된다. 희소성이 있는 하이엔드 제품들의 특성에 맞는 상위 셀렉트숍에서의 판매를 통해 브랜드의 가치를 상승시킬 뿐만 아니라 정확한 타깃의 고객에게 제품을 전달하기 위해서이다.

Odd Future Pack은 제품이 발매되기 3주일 전부터 무신사Musinsa · 쇼프Syoff · 웹스Waps 등의 온라인 스트리트 매거진 및 페이스북, 트위터 등의 SNS를 통해 티저Teaser 광고가 진행되었으며, 제품 발매 1주 전부

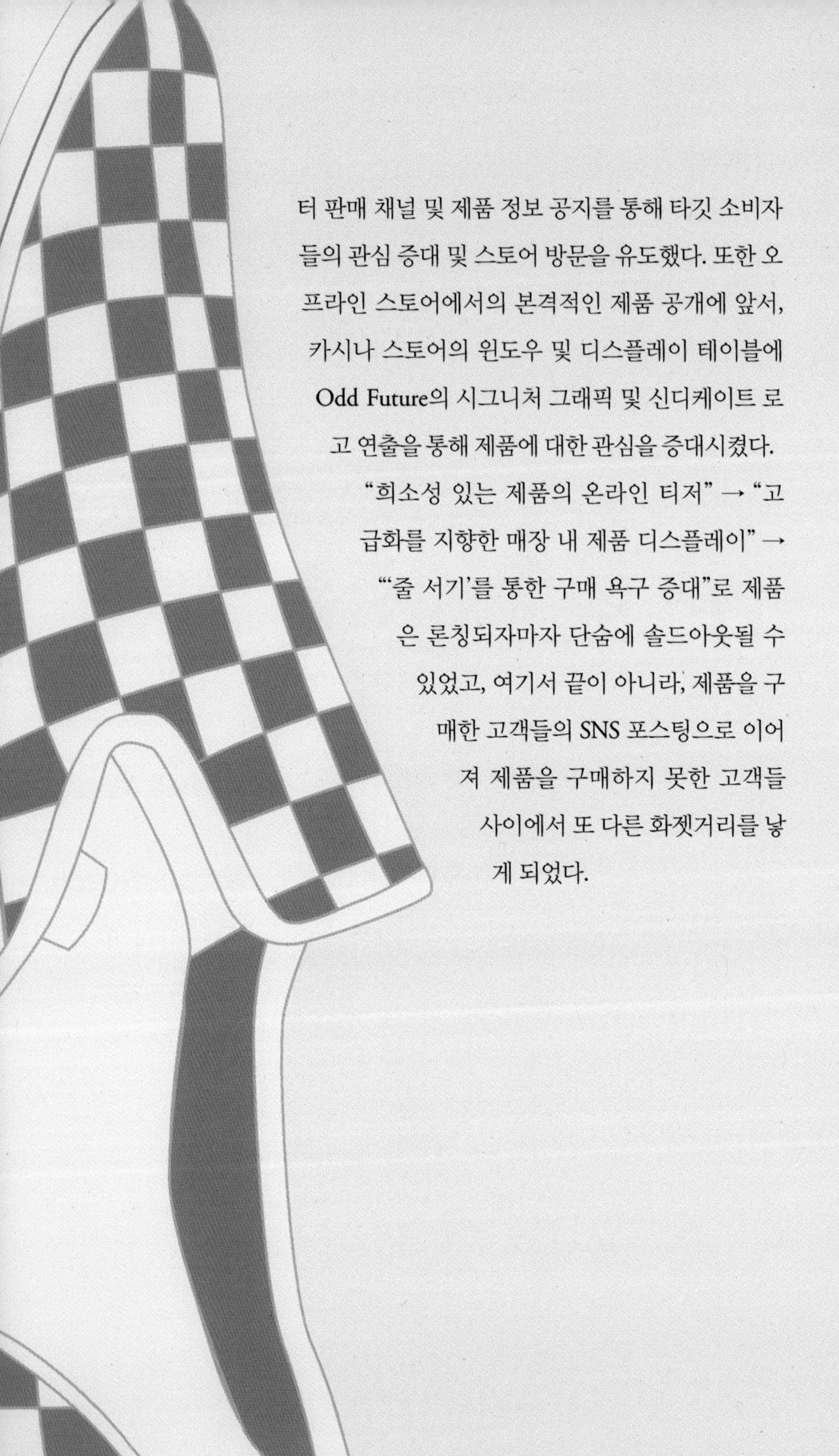

터 판매 채널 및 제품 정보 공지를 통해 타깃 소비자들의 관심 증대 및 스토어 방문을 유도했다. 또한 오프라인 스토어에서의 본격적인 제품 공개에 앞서, 카시나 스토어의 윈도우 및 디스플레이 테이블에 Odd Future의 시그니처 그래픽 및 신디케이트 로고 연출을 통해 제품에 대한 관심을 증대시켰다. "희소성 있는 제품의 온라인 티저" → "고급화를 지향한 매장 내 제품 디스플레이" → "'줄 서기'를 통한 구매 욕구 증대"로 제품은 론칭되자마자 단숨에 솔드아웃될 수 있었고, 여기서 끝이 아니라, 제품을 구매한 고객들의 SNS 포스팅으로 이어져 제품을 구매하지 못한 고객들 사이에서 또 다른 화젯거리를 낳게 되었다.

허재석

Vans Korea Marketing Manager

前 Burton Snowboard Marketing Manager

adidas Originals Marketing/PR 담당

책상 위에서만이 아닌 필드에서 직접 발로 뛰고 경험하면서 고객들의 니즈를 '공감'하려고 노력하는 열혈 마케터. 스케이트보드 · 스노보드 · 서핑 등의 액션스포츠를 즐기고, 액션스포츠 및 스트리트 패션 브랜드에서 잔뼈가 굵다.

프로모션
전략

쇼루밍족을
공략하라

1 쇼루밍족을 위한 '솔로모' 프로모션

스마트 쇼퍼라 자부하는 여대생 E 양. 오늘은 오랜만에 신사동 가로수길에서 친구를 만나기로 한 날이다. 그녀는 오늘 이곳에서 친구와 함께 식사도 하고 쇼핑도 즐길 참이다. 요즘 가장 잘나가는 곳이라 그런지, 하루가 멀다고 골목골목의 건물들이 상점으로 변해, 올 때마다 거리 풍경이 새롭다. 약속 장소에 일찍 도착한 그녀는 친구를 기다리며 스마트폰 앱으로 주변 검색에 돌입한다. 그녀는 앱을 통해 새롭게 업데이트된 가로수길의 위치 지도를 확인함은 물론 주변에 있는 가게 중 할인행사를 하거나 쿠폰을 주는 곳이 어디인지를 실시간으로 검색한다. 딱히 아는 단골이 없기에 기왕이면 싸고 실속 있는 곳을 찾아가기 위해서이다.

현명한 소비자라 자부하는 그녀는 상점에서 광고하는 정보 외에도 이전의 상점 이용객들이 남긴 소셜 리뷰를 검색해 보는 것도 잊지 않는다. 업체의 온라인 허위광고에 낚이지 않기 위함이다.

스마트폰을 검색하다 보니 어느새 만나기로 한 친구가 도착했고 그녀들의 쇼핑 나들이가 시작되었다. 거리를 누비는 중에도 E 양의 쇼핑 앱들은 친절한 쇼핑 도우미 역할을 자처한다. ○○ 앱은 프로모션 관계를 맺은 매장에 방문만 해도 현금처럼 쓸 수 있는 포인트를 적립해 주는가 하면, 또 다른 앱의 '스마트 쇼핑 알람'은 쿠폰 행사를 진행하는 매장 주변을 지날 때마다 지금 바로 사서 쓸 수 있는 쿠폰을 실시간 알람으로 전송한다.

마침 아메리카노 커피가 마시고 싶던 그녀는 '반값 할인' 쿠폰을 발송한 근처 카페에 들어가 커피를 마시며 잠시 휴식을 취한다. 커피 맛도 좋고 내부 인테리어도 맘에 든 그녀는 이 카페를 주변 친구들에게 알려야겠다는 생각에 위치기반서비스 △△△△ 앱을 켠다. 현재 위치를 체크인하고, 지인들에게 가로수길에 오게 되면 이곳에 들를 것을 적극 추천한다.

E 양의 상황은, 예전 같았으면 SF영화에나 등장할 법한 이야기지만 현재는 그리 놀랍지도 않은 흔한 상황이다. 더욱이 얼리어댑터들에게는 아주 일상적인 상황일 수도 있다.

'솔로모SoLoMo'라고 들어보았나? 이는 소셜Social, 로케이션Location, 모바일Mobile을 합성한 신조어이다. 갑자기 이같이 생소한 단어를 거론하는 이유는 E 양의 상황이 '솔로모'의 세 가지 요소를 유기적으로 결합했기 때문이다. 그녀가 스마트폰(모바일)으로 주변(위치) 상점을 검색하고, 상점에 대한 사람들의 리뷰를 검색하고, 자신의 경험을 SNS로 공유(소셜)하는 등의 행위는 솔로모가 기반이 됐기에 가능한 일이다.

2010년 미국 유명 벤처투자자인 존 도어John Doerr는 향후 새로운 인터넷 붐을 선도할 세 가지 핵심요소로 소셜 · 로케이션 · 모바일을 꼽으며 이를 합쳐 '솔로모'라고 명명했다. 이후 솔로모는 IT와 마케팅 업계의 최대 화두어로 떠오르고 있다. 솔로모 컨버전스 서비스를 제공하는 벤처회사들이 국내외에 속속 신설되고 있고, 그중 페이스북과 그루폰 같은 솔로모 관련 기업이 상장에 성공하기도 하였다.

스마트폰과 태블릿 같은 모바일 기기의 대중화로 많은 사람들이 솔로모의 패러다임으로 갈아타고 있고, 비록 아직 시작 단계이기는 하지만 날로 늘어나는 이용자 수를 기반으로 솔로모 관련 서비스들이 비즈니스 전반에 걸쳐 시너지 효과를 창출하고 있다.

'솔'(소셜 네트워크)을 통한 입소문이 최근 무시무시한 영향력을 행사하고 있다는 것은 두말할 나위 없고, 더욱이 소셜과 '로'(위치 기반 서비스)를 '모'(스마트폰)로 쉽게 접속하게 되면서 사람들의 소비패턴도 급격히 변화하고 있다. 언제부터인가 특별한 날의 즐거운 여가시간 소비를 위해, 쇼핑 공간이나 음식점을 방문하기 전에 솔로모로 사전 검색해 보는 것은 당연한 수순이 되어버렸다.

이처럼 변화된 사람들의 소비패턴에 맞게 브랜드와 리테일러의 마케팅 방법 역시 진화하고 있다. 모바일 커머스m-commerce를 포함한 전자상거래e-commerce의 성장이 가속화되면서 상대적으로 오프라인 매장들이 위기를 맞게 되었지만, 영리한 오프라인 리테일러들은 오히려 솔로모 모바일 앱 등을 이용해 역공을 펼치고 있는 것이다. 솔로모의 세 가지 요소가 한데 결합된 서비스는 소비자들의 로컬 지역 상점에 대한 온라인 검색을 오프라인 상점의 트래픽으로 연계시킬 수 있다는 점에서 주목할 만한 가치가 있다.

본 장에서는 이렇듯 변화된 소비패턴에 맞게 솔로모의 각 요소들을 '따로 또는 같이' 플레이하며 자신의 상점을 효과적으로 홍보하는 리테일러들의 사례를 살펴보고자 한다. 자신의 상점을 알리는 홍보뿐만 아니라, 실질적인 고객의 입점을 유도하는 그들의 비법을 알아보자.

스마트폰과 같은 모바일 기기가 대중화되면서 리테일 업계에 끼친 영향은 그야말로 지대하다. 그중 핵심적 사실 하나는 제품 구경은 오프라인 매장에서 하고 정작 구매는 온라인과 같은 타 유통 채널에서 하는 현상, 즉 '쇼루밍 트렌드 showrooming trend [11]'를 만들어냈다는 점이다. 소비자는 스마트폰의 '모바일(고정되어 있지 않고 움직임에 자유로운)'성을 활용해 언제 어디서든 무선 인터넷을 접속하고, 스마트 기기의 '스마트한 능력'을 자유자재로 활용한다. 특히 기나긴 경기침체 가운데 이를 알뜰 쇼핑을 하는 데 적극 활용하는 쇼루밍족들이 늘어나고 있다. 쇼루밍족들은 최근 탄생한 '간장녀'라는 신조어로도 대변되는데 간장녀란 간장처럼 짜게 소비하는 사람을 일컫는다. 일반적으로 간장녀·간장남들은 주변 사람에 대한 의식보다는 실속을 중시하고, 발품과 정보력을 활용해 같은 제품을 남보다 싸게 사는 데 능하다. 가격대는 낮지만 품질을 고려한 브랜드를 선호하고, 할인쿠폰을 열심히 챙기는 소비 특징을 보인다.[12]

재미있는 사실은 이 같은 알뜰소비족들이 일반 소비자들에 비해 스마트 기기의 활용도가 높고, 브랜드 및 리테일러들과 쉽게 관계를 맺으며 그들이 온라인으로 제공하는 할인정보나 모바일 쿠폰 등에 반응할 확률이 높다는 것이다. 따라서 리테일러가 솔로모 테크놀로지를 배척하느냐, 혹은 적극 수용해 활용하느냐에 따라서 쇼루밍의 희생양이

---

11 쇼루밍 트렌드(=쇼룸showroom): 소비자들이 제품 구경은 오프라인 매장에서 하고 정작 구매는 최저가를 찾아 온라인 혹은 기타 유통 채널을 통해 구입하는 소비 경향으로, 오프라인 매장이 제품 전시장(=쇼룸)으로 전락해 버리는 현상을 말한다. 이 같은 현상은 지난 몇 년간 리테일러의 공통적 고민이 돼 버렸다. 예를 들어, 백화점 전자코너에 진열된 냉장고를 구경 후, 제품명을 기억한 후 구매는 G마켓에서 하는 것과 같은 행위. 특히 온라인에서 좀 더 싸게 구매할 수 있는 고가의 제품일수록 이 같은 소비자 구매 현상이 더 두드러지게 나타난다.

12 네이버 지식백과 참조.

될 수도 있고, 쇼루밍족을 공략할 수도 있는 것이다.

많은 브랜드와 리테일러들이 고객과의 관계 맺기에 혈안이다. 자신들이 제공하는 앱을 다운로드하여 자주 접속하게 하고, 멤버십에 가입하여 그들을 고객으로 관리하길 원하며, SNS 페이지에 팬으로 등록하여 실시간 '커넥트'되길 바란다. 하지만 많은 고객들은 이들과의 관계 맺기에 그다지 관대하지 않다. 이미 스마트폰 바탕화면은 수많은 앱들로 꽉 차 있기에 무턱대고 새로운 앱을 다운로드하는 일에 주저할 뿐만 아니라, 멤버십 혹은 SNS 페이지에 가입하는 순간 이들로부터 수많은 뉴스레터와 메일 세례를 받을 것임을 너무도 잘 알고 있기 때문이다.

하지만 쇼루밍족들은 상대적으로 브랜드·리테일러와의 관계 맺기에 관대하다. 이들은 일반 고객에 비해 좀 더 브랜드·리테일러가 제공하는 이메일 레터에 수신 동의를 잘하고, 그들이 제공하는 앱을 쉽게 다운로드하고, 모바일 알람을 수신하고, SNS 페이지를 팔로우할 확

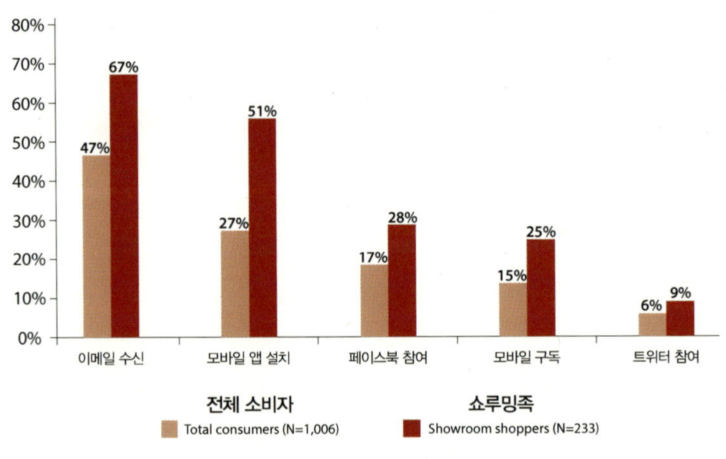

모바일 마케팅사 Vibes에서 진행한 모바일 컨슈머 서베이 결과(2012.08)

률이 높다. 다음 그래프는 이를 수치로 증명하는 조사 결과이다.

따라서 만약 고객이 매장에 들러서 제품을 구매하지 않고 구경만 하고 매장을 떠났더라도, 영리한 리테일러들은 모바일 기기 문명을 활용해 그들과의 관계 맺기의 '기회'로 발전시킨다.

다음 그래프를 보면 쇼루밍족들이 모바일 기기 활용에 얼마나 능숙한지 알 수 있다. 모바일 쿠폰을 적극적으로 쇼핑에 활용하고, 자신이 위치한 지역의 할인 혜택 정보를 살펴보기 위해 위치기반서비스를 활용하거나, 상점에서 진행하는 프로모션에 참여하기 위한 체크인 활동에도 비교적 적극적이다. 쇼루밍족들의 짠 소비행태는 브랜드와 리테일러를 기운 빠지게 하지만, 반대로 그들은 자신이 무기처럼 들고 다니는 스마트폰으로 브랜드 · 리테일러와 쉬이 관계를 맺고 할인정보와 같은 메시지를 수신하고 활용함에 비교적 적극적이라는 점을 기회 요소로 활용하는 것이 중요하다.

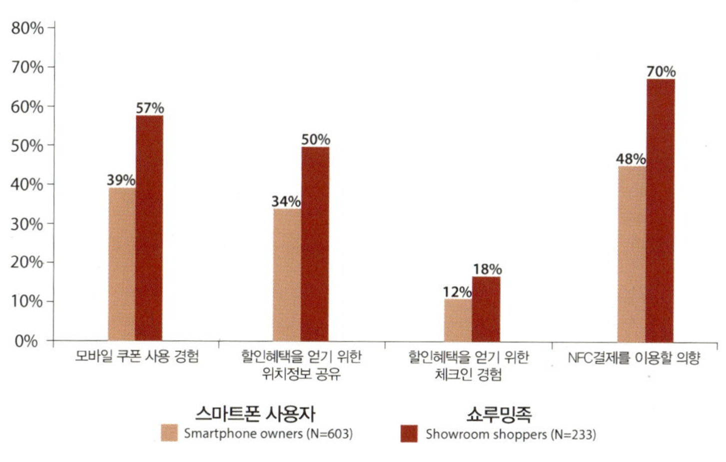

모바일 마케팅사 Vibes에서 진행한 모바일 컨슈머 서베이 결과(2012.08)

② 솔로모를 통해 '쇼루밍족' 공략하기

그럼 지금부터는 실속 있는 소비를 꾀하는 간장녀 · 간장남들을 공략할 수 있는 솔로모 플랫폼과 이를 마케팅에 적극 활용하고 있는 리테일러들에 대해 살펴보기로 하자.

일명 '반값 할인'으로 이름을 알린 소셜 커머스 웹사이트는 알뜰소비족들이 애용하는 온라인상의 쇼핑 플랫폼 중 하나다. 지역 상점의 제품과 서비스를 온라인 공동구매로 대폭 할인된 가격에 구매할 수 있다는 장점 덕에 실속 소비자들의 호응이 높은 편이고, 점주의 입장에서도 온라인으로 매장을 광고하고, 온라인 유저를 오프라인 매장의 고객으로 유도한다는 점에서 새로운 마케팅 플랫폼으로 주목할 만한 가치가 있다.

소셜 커머스는 본래 유선 인터넷을 기반으로 비즈니스가 시작되었지만, 스마트폰이 대중화되면서 현재는 모바일 버전이 추가되었고, 동시에 위치기반서비스를 더해 사용자의 편의를 높였다. 간단히 얘기하자면 기존의 '소'셜 커머스에 '로'와 '모' 기능을 겸비한 소셜 커머스의 솔로모 버전이라 이해하면 된다.

해외에서는 그루폰의 '그루폰 나우'와 국내에서는 티켓몬스터의 '티몬 나우'가 솔로모 서비스의 대표적인 예인데, 이들 서비스의 핵심은 기존 유선 인터넷을 기반으로 한 정적인 검색과 구매를 탈피하여, 실

올드 네이비 매장 내
숍킥의 연계 프로모션을 알리는 POP 게시 모습
* 출처: techcrunch.com

시간으로 이동하며 주변 상점의 딜 정보와 위치를 검색하고 현장에서 쿠폰을 '바로 사서 쓸 수 있는' 편리함을 부가하였다는 점이다.

또한 매장에 방문만 해도 현금처럼 쓸 수 있는 포인트를 적립해주는 숍킥shopkick이라는 앱도 있다. 보통 매장에서 고객에게 제공하는 리워드reward는 일반적으로 쿠폰에 도장을 찍어준다든지, 카드에 포인트를 적립해주는 등의 '제품 구매 후' 보상이 대부분이다. 하지만 숍킥은 '구매하지 않더라도' 모든 방문고객에게 현금처럼 쓸 수 있는 포인트(킥스kicks라는 가상화폐)를 제공한다.

본 앱의 기본 메커니즘은 간단하다. 숍킥 앱을 켜고 숍킥 가맹(숍킥 음파 송신기가 설치된) 오프라인 매장에 들어서면 해당 고객의 스마트폰은 이를 자동으로 인식해 포인트가 적립된다. 매장을 방문하기 전 앱을 통해 해당 상점의 룩북을 훑어본 고객은 추가 포인트를 더 받을 수 있다. 또한 매장에서 지정한 특정 제품을 구매하거나 바코드를 앱으로 스캔만 해도 추가 포인트 획득이 가능하다. 그리고 이렇게 모아진 포인트는 작게는 스타벅스 커피에서부터 크게는 숍킥 가맹 소매업체의 상품권 혹은 티파니 같은 고가 브랜드의 제품 등으로 교환하는 데 쓰일 수 있다.

기존의 소셜 커머스가 음식점과 서비스숍 중심의 비즈니스였다면, 숍킥은 모바일 유저를 오프라인 매장으로 불러들이고, 물건을 살펴보고, 구매를 유도하는 오프라인 리테일러 중심의 앱이라고 볼 수 있다. 더욱이 베스트 바이, 올드 네이비, 토이저러스, 메이시스, 아메리칸 이글, 타깃과 같은 대형 리테일러들이 숍킥을 마케팅에 활용해 세계적인 관심이 부쩍 높아진 상황이다. 또한 미국의 시장조사 업체 닐슨은 '쇼핑 고단수들은 어떤 쇼핑 앱을 사용하는가?Which Smartphone Apps do Savvy Shoppers Use Most?'라는 제목의 설문조사 결과를 발표하였는데, 스마트폰 사용자가 가장 많은 시간을 할애하는 쇼핑앱으로 숍킥이 1위를 차지하는 등 2010년 론칭 이후 빠르게 시장에 안착하여 가파른 성장세를 보여주고 있다. 우리나라에도 2011년 숍킥을 벤치마킹한 LG유플러스의 '딩동'이라는 앱이 론칭된 이후 가맹점과 이용자 수가 지속적으로 증가하고 있는 추세이다.

'아는 것이 적으면 사랑하는 것도 적다'라는 레오나르도 다빈치의 명언이 있다. 본 명언은 받아들이는 사람에 따라 각기 다른 의미로 다가올 수 있겠지만, 저자의 경우 '사랑은 상대를 아는 것에서 시작된다'라는 의미로 해석하고 싶다. 진정한 사랑은 상대에 대한 지식과 이해에서 시작될 수 있기 때문이다.

브랜드와 제품도 마찬가지이다. 특정 브랜드의 제품을 써보고 경험해 봐야지 진정으로 그 브랜드의 팬이 될 수 있고, 바꾸어 말하면 사랑받는 제품은 고객이 그 제품을 접하고 경험하는 데서 시작된다고 볼 수 있다. 그리고 제품 제조사의 마케터들은 이 같은 사실을 너무도 잘 알기에 소비자들이 자사 제품을 써보고 경험해 볼 수 있도록 '샘플링' 행사를 곧잘 진행하곤 한다.

공짜 앞에 장사 없다는 말처럼, 일반적으로 샘플을 배포하는 현장에서는 제품을 받아보기 위한 사람들의 반응이 뜨겁다. 하지만 문제는 샘플을 받아든 잠재고객이 진짜 고객으로 전향하는가의 여부이다. 공짜니까 우선 받아 보자 하는 심리에 무심코 샘플을 받고 쉽게 지나쳐 버리는 사람들도 많을 것이고, 혹은 샘플을 기분 좋게 소비한 소비자가 해당 브랜드의 제품을 잘 기억해 두었다가 나중에 매장에서 구입할지도 미지수이기 때문이다. 하지만 지금 소개하고자 하는 샘플링 프로모션은 이 같은 기우를 한순간에 떨쳐버릴 만큼 혁신적이다. 샘플을 제공하는 현실공간이 솔로모의 가상공간과 결합하여 소비자에게 재미를 주고 참여를 이끌어낼 뿐만 아니라, 소셜을 통한 입소문 효과까지 일으켰다는 점에 의미가 깊다.

● 전통 옥외광고판과 솔로모의 결합, 그라나타 펫

"Check in! Snack out! 체크인하면 스낵이 나온다."

– 그라나타 펫의 포스퀘어 빌보드 문구

독일의 프리미엄 애견사료 브랜드 그라나타 펫Granata Pet사는 적은 마케팅 비용으로 자사의 브랜드 인지도를 높일 수 있는 방안에 대해 고민하였다. 그 결과 개를 산책시키는 사람들이 많이 다니는 곳에 특별한 빌보드 광고판을 설치하기에 이른다. 이 빌보드는 그동안 우리가 흔히 접해 왔던 전통방식의 옥외광고판에 솔로모 개념을 접목시킨 형태로서, 빌보드 위치에서 포스퀘어로 체크인을 하게 되면 즉시 무료로 개 사료 샘플을 받아볼 수 있다. 빌보드에는 '체크인하면 스낵이 나온다 Check in! Snack out!'라는 콜 투 액션 call to action, 행동을 촉구하는 문구으로 견주의 참여를 유도하고, 체크인이 되면 개의 키 높이에 설치된 디스펜서를 통해 사료가 배출된다. 본 샘플링 프로모션은 소비자의 참여를 이끌어낸 덕에 소비자의 기억에 강한 각인 효과를 주었고, 덕분에 빌보드

— 브랜드: 독일, 그라나타 펫Granata Pet
— 마케팅 에이전시: 독일, 아젠타Agenta
— 행사연도: 2011년
* 출처: behance.net

캠페인 동영상 보기 

인근의 사료 매장에서 그라나타 펫의 수요가 느는 계기가 되었다. 또한 일부 지역에서 조그마한 규모로 진행된 소규모 샘플링 행사였지만, 견주의 체크인 기록이 각자의 소셜을 통해 공유되어 그라나타 펫 브랜드와 프로모션을 널리 알릴 수 있었다는 점에서도 큰 의미가 있다.

● **토윗하고! 공짜음료 받고! 보스 아이스티**

포스퀘어 체크인을 하면 무료 샘플을 받을 수 있는 빌보드 광고판과 유사하게, 트윗을 하면 무료 음료를 받을 수 있는 음료 자판기도 있다. BEV라는 이름의 이 자판기는 보스BOS라는 남아프리카공화국의 아이스티 음료 브랜드에 의해 고안되었다. 자판기 앞에서 동전을 넣을 필요 없이 스마트폰으로 #BOSTWEET4T라고 해시태그 트윗을 하면 자판기에서 무료 아이스티를 받게 되는 시스템이다.

보스 아이스티의 공동 창업자는 제품을 홍보하기 위해 샘플링 방법을 적극 활용하는데, 샘플링을 하는 동안 고객들과 흥미롭게 상호작용하며 가슴 뛰는 분위기를 조성하는 것이 그들의 목표라고 이야기한다. BEV자판기는 《포브스》, BBC 등의 세계적 매체에 기사화되어 보스 아이스티를 알리는 계기가 되기도 하였다.

여론조사에 따르면, 국민 10명 중 약 9명은 우리나라 정치와 정치인을 신뢰하지 않는다고 한다. 광고 마케팅을 대하는 소비자의 불신도 역시 마찬가지 상황이다. 광고의 범람과 그들의 끊임없는 자극 속에 소비자들은 둔감해진 지 오래다. 아무리 달콤한 말솜씨로 소비자를 현

– 브랜드: 남아프리카공화국, 보스 아이스티BOS Ice Tea
– 마케팅 에이전시: 남아프리카공화국, 카우 아프리카Cow Africa
– 행사연도: 2012년
* 출처: cowafrica.com

캠페인 동영상 보기 

혹시키려 해도 그들은 콘크리트처럼 어지간해선 꿈쩍도 하지 않는다. 자신이 직접 경험하거나 지인의 추천 혹은 인터넷에 올라와 있는 제품 리뷰를 확인하기 전까지는 섣불리 광고 문구만을 믿고 제품을 구매하려 들지 않는다. 미국의 PR컨설팅 회사 에델만의 리처드 에델만Richard Edelman CEO는 국내 한 매체와의 인터뷰에서 이 같은 세태를 '에델만 신뢰지수' 여론조사 결과와 연관 지어 설명한다.

"우리는 23개국에서 25~64세 대졸 이상, 가계소득 상위 25%에 해당하는 5,000

여 명(한국은 200명)에게 물었다. '기업이 내보낸 정보에 얼마나 노출돼야 그 정보를 믿을 수 있나?' 미국·영국의 응답자 대다수는 '같은 정보를 서로 다른 장소에서 6~10회 접해야 믿을 수 있다'고 답했다. 한국·일본은 3~5회(전 세계 평균치)였다. IT기술과 미디어의 폭발적인 성장으로 정보가 탈집중화·다원화되면서 벌어진 일이다. 이제 하버드·옥스퍼드 출신들이 《포천》이나 BBC에 나와 얘기해봤자, 소비자들이 같은 내용을 트위터·페이스북에서 접해야 '아, 이제 믿겠어' 하는 세상이 됐다."

이 같은 현상은 일례로 '뉴스 기사'를 읽는 대중의 변화된 자세에서도 찾아볼 수 있다. 예전에는 지면을 통해 기자가 대중에게 일방적으로 메시지를 전달하였다면, 지금은 인터넷으로도 제공되고 소셜과도 연동되어 기사에 관한 자신의 생각을 댓글로 표현하거나 대중의 생각을 살펴보는 등 '실시간 소통'이 가능한 세상이 되었다. 또한 해당 기사가 얼마나 리트윗되었고, '좋아요' 버튼이 눌렸는지, 얼마나 많은 댓글이 달렸는지 등은 하루에도 수많은 기사가 물밀듯이 쏟아지는 세상에서 빠르게 뉴스를 선택적으로 소비할 수 있는 나름의 기준이 되기도 한다. 이 같은 소비자들의 가치유무에 대한 '검증'과 '인증'은 비단 뉴스 기사의 경우뿐만 아니라 제품과 서비스의 소비에서도 마찬가지로 중요하게 작용한다.

우리는 무심코, 재미 삼아, 혹은 의도적으로 트위터와 페이스북을 통해 친구, 지인들과 우리의 소비 경험을 공유한다. 자신이 쇼핑한 물건을 자랑하듯 사진을 찍어 포스팅하기도 하고, 불만족스러웠던 제품을 냉철하게 비판하기도 한다. 또한 소셜 인맥들에게 쇼핑 예정 아이템에 대한 솔직한 의견을 구하기도 한다. 이렇게 다양한 경로로 쌓인 소비자 경험의 목소리는 사람들에게 지대한 영향을 끼친다. SNS를 통해 비치는 타인의 라이프스타일을 팔로우하기도 하고, 같은 내용이라도 지인을 통해 트윗되고 리트윗된 내용에 좀 더 귀 기울인다.

이처럼 지인들의 입을 통해 인증되고 추천된 것들에 힘이 실어지면서 마케터들은 이 같은 소셜 효과를 노린 마케팅 전략들을 펼치며 마케팅 ROI Return On Investment, 투자수익률를 극대화시키고 있고, 그 전략의 구현에 '솔로모'가 적극 활용되고 있다.

● 오프라인 매장에서도 '좋아요', C&A의 패션라이크 캠페인

매장에서 맘에 드는 제품에 대해 주변 사람들은 어떻게 생각할까 궁금해한 적 있는가? 이는 자신만의 패션 주관이 뚜렷하여 남의 의견을 신경 쓰지 않는 사람들을 제외한다면, (정도 차이는 있겠지만) 아마도 많은 사람들이 보편적으로 느끼는 감정일 것이다. 그래서 특히 여성들은 쇼핑을 하러 갈 때 친구를 대동하고 함께 제품도 구경하고 친구들의 솔직한 의견도 구하는가 보다.

C&A라는 패션 브랜드는 이처럼 쇼핑 중에 겪게 되는 고객의 고민을 덜어주기 위해 '패션 라이크 Fashion Like'라는 캠페인을 벌인다. 방법은 간단하다. C&A의 공식 페이스북 페이지의 방문자들이 게시된 제품 사진에 '좋아요 LIKE'를 누를 때마다, 해당 옷이 진열돼 있는 오프라인 매장(브라질 상파울루의 한 C&A 매장)의 옷걸이에 이것이 실시간 중계되게 하였다. 온라인상에서 '좋아요' 버튼 클릭으로 얻은 숫자가

옷걸이에 장착된 디지털 화면에 실시간 업데이트되도록 한 것이다. 소셜네트워크상에 소비자의 호응도를 오프라인으로 여과 없이 보여주었던 본 캠페인은 2012 칸 국제광고제의 4개 부문에서 수상하는 쾌거를 안겨다주었을 뿐 아니라 많은 사람들의 관심과 참여를 이끌어내는 마케팅 성과를 거두게 된다.

우리는 온·오프라인 매장에서 쇼핑할 때 제품에 'MD 추천'이라는 태그가 붙어 있는 것을 흔히 볼 수 있다. 'MD 추천'이라는 것은 엄밀히 따지면 리테일러(상품기획자) 입장에서의 추천이지, 일반 사람들의 경험에 의한 추천은 아니다. 광고 마케팅을 대하는 소비자의 불신이 팽배한 시대에, 본 캠페인은 대중의 참여를 통한 클라우드소싱 기반의 상품추천제라는 측면에서 특히 높은 평가를 받을 만하다. 그리고 대중의 여론을 실시간 공유하는 방식의 본 상품추천제는 타인의 시선을 의식하는 경향이 다소 짙은 우리나라에서 더욱 통할 만한 방법이 아닐까?

– 76,622명이 페이스북 C&A 페이지에 팬으로 등록
– 본 캠페인에 대한 세계적인 입소문덕에 20여 국의 다양한 국적의 사람들이 C&A 브라질 페이스북 팬 페이지에 팬으로 등록
– 본 캠페인을 홍보하는 비디오를 65,273명이 관람
– 트위터상의 7,011건, 블로그와 웹사이트에 1,682건의 멘션
– 1,050,000건의 구글 히트 수
– 진열 제품의 절반이 24시간 이내 팔림.
– 조사기간: 2012년 4월 18일~5월 5일
* 출처: ddbbrasil.wordpress.com

캠페인 동영상 보기 

● '나 여기 다녀왔어' 체크인 인증, 포스퀘어 프로모션

몇 년 전부터 인터넷에는 인증샷 올리기가 인기를 끌고 있다. 내가 누굴 만났고, 무엇을 먹었고, 어디에 다녀왔고, 무엇을 했는지 등을 사진으로 찍어 간단한 메모와 함께 SNS로 지인들에게 공유하는 것이다. 투표를 하고 인증샷을 올려 아직 투표하지 않은 사람들에게 투표할 것을 독려하기도 하고, 생일선물로 받은 물건들 혹은 벼르고 벼르다 질러버린 쇼핑 물품들을 사진으로 찍어 지인에게 자랑하기도 한다. 또한 포스퀘어Foursquare와 같은 위치기반서비스LBS, Location Based Service 앱를 활용해 현재 자신이 위치한 장소에 발도장을 찍고 이를 SNS를 통해 소셜 친구들과 공유하기도 한다. 특정 장소에 가서 이처럼 위치 기반 앱을 활용해 발도장을 찍는 것을 '체크인'이라고 하는데, 이렇게 체크인을 하는 행위는 '나 여기 다녀왔어'를 증명하는 열 마디 말보다 강한 인증이 될 수 있다. 이런 체크인 현상은 '나 이런 곳에 다니는 사람이야'라고 은근히 자신의 삶을 자랑하고 싶은 속마음 때문일 수도 있고, '이렇게 좋은 곳은 여러 사람들에게 알려야 해'라는 생각에서 기인한 것일 수도 있다.

소셜과 모바일 그리고 로케이션이 한데 결합된 서비스에 있어서는 포스퀘어가 세계적으로 유명하며, 국내에도 다음 플레이스, 씨온Seeon 등의 서비스가 있다. 이들 서비스의 중심은 바로 '체크인'이다.

그럼 가장 대표적인 위치 기반 SNS 포스퀘어를 예로 들어 체크인 연계 프로모션 사례를 살펴보기로 하자.

* 출처: venturebeat.com

포스퀘어 배지들 * 출처: brandignity.com

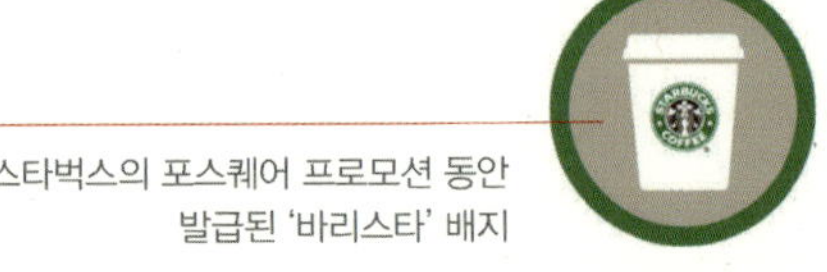

스타벅스의 포스퀘어 프로모션 동안
발급된 '바리스타' 배지

　포스퀘어 이용자는 특정 장소에 왔을 때 GPS가 탑재된 스마트폰으로 체크인 버튼을 누르고 자신이 이곳에 왔다는 인증을 한다. 이 체크인 활동은 사용자의 트위터나 페이스북 계정과도 연동되어 소셜 친구들에게도 공유할 수 있다. 특정 장소를 가장 많이 체크인한 사람에게는 해당 장소의 주인이라는 의미의 '메이어mayor' 지위가 부여되는데, 이는 마치 우리나라 전통의 땅따먹기 게임과 유사하다. 기존 메이어보다 더 많이 체크인하여 다른 사람이 메이어의 자리를 뺏을 수도 있기 때문에, 기존의 메이어 권한을 유지하기 위한 혹은 이를 뺏기 위한 은근한 경쟁심이 유발된다. 포스퀘어의 또 다른 재미는 바로 '배지badge'를 수집하는 것이다. 특정 태그가 붙은 장소에 체크인을 하거나, 특정 카테고리 장소에서 정해진 횟수만큼 체크인을 하는 등의 미션을 수행하게 되면 배지를 수여받는다.

흑판 보드로 포스퀘어 프로모션을
알리고 있는 홀푸즈 마켓의 모습
다섯 번째 포스퀘어 체크−인 시마다
젤라또 한 스쿱을 주는
여름 시즌 이벤트가 한창이다.
* 출처: businessinsider.com

리테일러들은 이 같은 포스퀘어의 체크인과 배지를 활용해 자신의 영업장소를 입소문 낼 수 있는 기회로 삼고 있다. 프로모션의 내용은 해당 상점의 메이어인 사람, 체크인 빈도가 높은 사람 혹은 특정 체크인 횟수에 도달된 사람 등에게 할인이나 사은품 혹은 배지를 발급해주는 등의 혜택을 제공하는 것이 주를 이룬다.

스타벅스는 포스퀘어의 론칭 1년 만에 일찌감치 그것의 잠재력을 인지하고, 매장 프로모션의 툴로 활용한 바 있다. 2010년 3월에 각기 다른 5곳의 스타벅스에 체크인한 고객에게 '바리스타' 배지를 발급해주는 행사를 진행하였고, 이후 5월에는 각 매장의 메이어에게 '프라푸치노 커피 메뉴 1달러 할인행사'를 진행하였다. 이후 포스퀘어 프로모션은 스타벅스를 시작으로 소상공인은 물론 홀푸즈, 올드 네이비, 반스 앤 노블, H&M과 같은 대형 리테일러들에 의해 적극 활용되었다.

매장에서 포스퀘어로 체크인하고
75달러 이상 구입하면 15달러를
할인해주는 '올드 네이비'의 이벤트
* 출처: kategorization.com

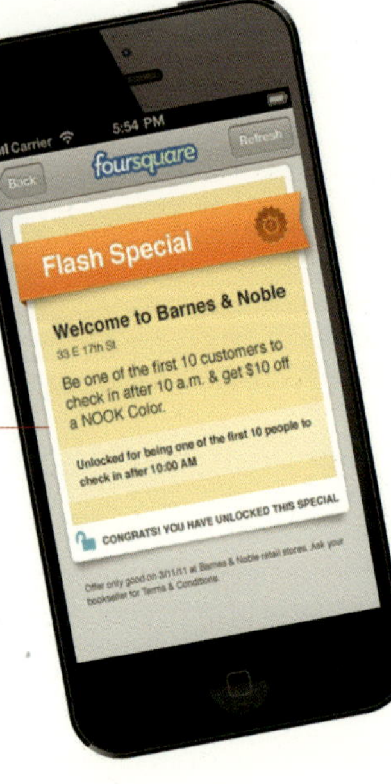

매장에서 포스퀘어 체크인을 한
선착순 10인에게 누크컬러
(e북 리더기)를 10달러 할인해주는
반스 앤 노블 서점의 이벤트
* 출처: www.vator.tv/news

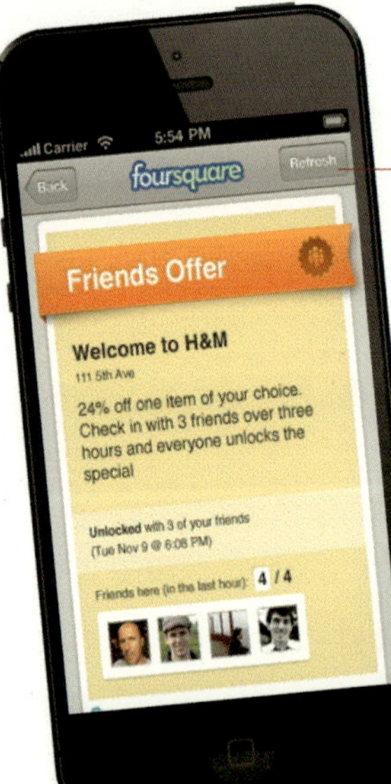

세 명의 친구와 함께 체크인하면
한 제품에 24% 할인을 해주는
H&M의 이벤트
* 출처: www.vator.tv/news

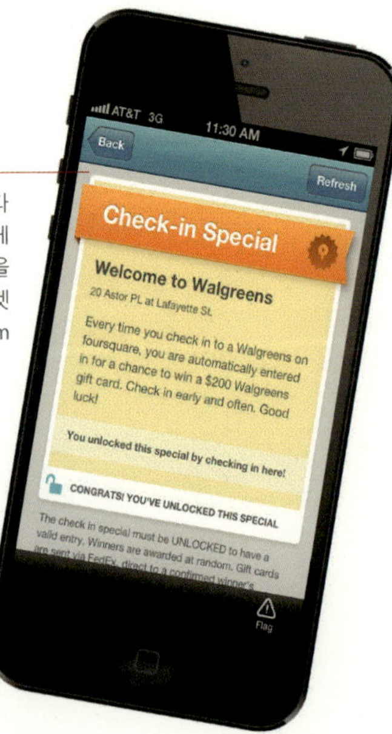

매장에서 체크인할 때마다
200달러 상품권 행사에
자동 응모되는 프로모션을
진행한 월그린스 슈퍼마켓
* 출처: mobilecommercedaily.com

아디다스코리아사의
황혜진 차장이 들려주는
"고객이 오래 머무를 수 있는
매장이 성공한다!"

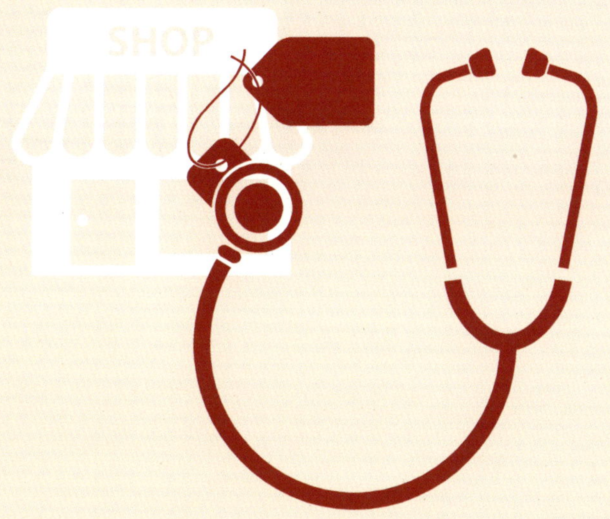

누구나 1년 또는 2년에 한 번씩 건강검진을 받는다. 얼마 전 혈액검사, 혈압측정 등 기본검사부터 X-ray 촬영, 초음파 등의 정밀검사까지 수십 가지의 항목에 대해 검진을 받았다고 가정해보자. 그리고 몇 주 후에 통보된 검진결과지에서 혈액검사 결과 정상임을 확인했다. 그럼 과연 나는 건강하다고 할 수 있을까? 물론 아니다. 혈액검사뿐만 아니라 내가 받은 다른 검사항목들, 혈압, X-ray, 초음파 등 단 하나도 빠짐

없이 모든 건강지수가 정상이라는 결과가 나왔을 때에야 비로소 나는 건강한 사람이라고 할 수 있다.

우리가 운영하고 있는 매장도 마찬가지이다. 우리 매장이 건강한 매장인지 아픈 매장인지를 정기적으로 진단해보아야 할 다양한 건강지수들이 있다. 가장 대표적인 건강지수는 물론 매출일 것이다. 가령 우리 매장이 이번 달 올해 들어 가장 높은 매출을 보였다고 하자. 그렇다면 우리 매장은 건강하다고 할 수 있을까? 역시 아니다. 앞에서 언급한 우리의 신체건강지수와 마찬가지로, 매장에 존재하는 다양한 건강지수들이 모두 건강한지를 살펴봐야 한다. 가령 매출은 올해 가장 높았다 하더라도, 전년 대비 역신장이라면 이 매장은 건강하다고 볼 수 없을 것이다. 전년 대비 매출 외에도 이번 달에는 몇 명의 고객이 방문했는지, 들어온 고객들 중에 몇 %가 구매했는지(판매성공률), 평균적으로 한 고객이 얼마를 구매했는지(객단가), 몇 개를 구매했는지(객수량) 등 매출에 영향을 주는 이 모든 건강지수들이 정상인지를 매월 진단해보아야 한다.

그러나 현실적으로 이 건강지수들을 모두 관리하고 측정하는 것은 불가능할지도 모른다. 불안정적인 직원구성, 넘쳐나는 악성재고, 고객불만 등 매장 운영자가 관리해야 할 것은 너무나 많기 때문이다. 필자는 이러한 매장 운영상황을 잘 알기에 이 수많은 건강지수들 중에 매출에 직접적인 영향을 주는, 그리고 관리하기 아주 쉬운 건강지수 한 가지에 집중할 것을 제안한다. 그렇다면 어떤 건강지수에 집중해야 할까? 그것은 바로 우리 매장에 들어온 고객들 중에 몇 %의 고객들이 구매하는가, 즉 판매성공률이다. 쉽게 말해, 100명의 고객이 방문했는데

10명이 구매했다면 그 매장의 판매성공률은 10%인 것이다. 이는 10명 중 한 명이 구매한다는 의미이다.

가령 F매장의 경우 평균 하루 방문고객 수가 대략 150명이고, 하루 발생되는 영수증 개수가 30장이라면 판매성공률은 20%로 이 매장은 10명 중 2명이 구매해간다는 분석이 나온다.

(구매한 고객 수 ÷ 방문 고객 수) × 100 = 판매성공률(%)

(30장 ÷ 150명) × 100 = 20%

요즘 유통업계에서는 판매성공률 1%만 올려도 매출은 10% 올라간다고 할 정도로 이 건강지수를 올리기 위해 매력적인 프로모션 실시, 직원들의 교육 등에 많은 비용과 시간을 투자하고 있다. 그러나 이미 고객들은 온라인을 통해 프로모션 및 제품정보를 습득하여 전문가 수준에서 방문하기 때문에 더 이상 직원들로부터 동일한 정보를 듣고 싶어 하지 않는다. 그들은 오직 가상으로 본 제품을 매장에서 경험할 수 있기를 바랄 뿐이다. 내가 온라인에서 습득한 정보대로라면 이 러닝화가 혁신적인 쿠셔닝 기술을 사용했다고 하는데 정말로 쿠션감이 뛰어난지 신어보고 싶을 것이고, 통기성이 좋은 의류라고 하는데 정말 시원한지 입어보고 싶을 것이다.

오프라인 매장이 살아남기 위한 방법도 바로 여기에 있다. 지식으로 무장한 스마트한 요즘 고객들이 매장에서 가능한 한 편안하게 그 제품을 경험할 수 있게 해주는 것, 다시 말하면 그들이 오래 머무를 수 있는 분위기를 만들어주는 것, 그것이 판매성공률을 올리고 동시에 매출로 이어지게 하는 최고의 방법인 것이다(고객의 체류시간=매출). 이때 직원들의 따뜻하고 감성적인 어프로치가 추가된다면 그 고객은 가격이 다소 저렴하지만, 배송받기 위해 시일을 기다려야 하는 불편한 온라인 쇼핑보다는 본인이 찾는 제품을 바로 손에 들고 나갈 수 있는 매장에서 구매하기를 원하지 않을까?

그렇다면 어떻게 고객을 우리 매장에 오래 머무르게 할 수 있을까? 여기에는 아주 간단한 3가지 방법이 있다. 우선 매장에 들어온 고객을 알아봐주고(환영하기), 편안하게 둘러볼 수 있도록 해주고(다가가기), 가능한 한 많이 입고 신어보게 해주는 것이다(경험하게 하기).

1. 들어온 고객 알아봐주기(환영하기)

여기에는 10초의 원칙이 적용된다. 고객이 이 매장에 머무를 것인가, 아니면 나갈 것인가는 바로 10초라는 짧은 시간 내에 결정되는 것이다. 그렇기 때문에 고객들은 직원들이 10초 이내에 알아봐주지 않거나, 입구에서부터 호감이 갈 만한 제품이 보이지 않으면 그대로 매장을 떠난다. 고객이 들어오고 10초 이내에 "안녕하세요", "어서 오세요", "반갑습니다", "ㅇㅇ브랜드입니다"와 같은 형식적인 인사도 좋지만, "날씨가 참 덥죠?", "고객님 오랜만이세요", "애기가 정말 예쁘네요"처럼 상황에 따라 다양한 인사법을 구사한다면 고객은 자신에 대한 직원의 관심 때문에라도 매장을 쉽게 떠날 수 없게 된다.

2. 편안하게 둘러볼 수 있도록 해주기(다가가기)

"고객님, 찾으시는 제품 있으세요?"라는 직원의 첫 질문에 70%의 고객이 "아니요" 또는 "그냥 둘러볼게요" 하며 응대를 거절한다고 한다. 이는 직원의 첫 질문 자체(예 또는 아니오밖에는 대답할 수 없는 닫힌 질문)의 문제이기도 하지만, 많은 고객들이 편안하게 둘러보다 본인이 필요한 도움이 있을 때 직원의 도움을 받기를 원한다는 것을 의미하기도 한다. 이러한 고객의 의중을 살피지 못하고 고객의 차가운 거절 한마디에 당황하거나 기분이 상해서 아무 응대 없이 등을 돌리고 가버리거나, 추가적인 질문들로 고객을 귀찮게 한다면, 고객들은 불편함을 느끼고 떠나버리고 싶을 것이다. 따라서 이 단계에서는 고객이 "아니요, 그냥 둘러볼게요" 할 경우, "네, 그럼 천천히 둘러보시다 필요한 것이 있으면 말씀해주세요" 또는 "네, 편안히 둘러보세요"라고 센스 있게 말하고는 멋지게 물러나야 한다. 이렇게 편안하게 둘러볼 수 있는 시간을 충분히 준 후, 고객이 어떤 한 제품에 관심 있다는 신호(오래 살펴본다, 거울에 비추어본다 등)를 보이는 그 시점에 다가가서 적극적으로 도와주면 되는 것이다.

3. 가능한 한 많이 입고 신어볼 수 있도록 해주기(경험하게 하기)

직원으로부터 제품에 대한 상세한 설명을 듣고 나면, 고객은 '이 제품이 정말 나에게 비용 대비 기대 이상의 가치를 주는가'를 고민하게 되는 구매확률 50% 단계에 머무르게 된다. 백문불여일견(百聞不如一見)이라는 말이 있듯이, 고객의 구매결정 방아쇠를 당겨주는 것은 바로 직접경험이다. 매장 면적 중 최소 5%는 고객이 경험할 수 있는 공간(피팅룸, 착화를 위한 의자 등)으로 확보되어 있어야 한다고 할 정도로 고객의 경험은 매우 중요하다. 이 단계에서 직원들은 적극적으로 제품경험을 권유하고, 고객들이 가능한 한 많은 제품을, 오랜 시간 제대로 경험해볼 수 있도록 해주어야 한다. 만약 피팅룸에서 고객이 제품을 착용해보기를 원한다면 "고객님, 편안하게 천천히 입어보세요"라는 말 한마디에도 고객은 밖에서 대기하고 있는 다른 고객에 의한 불안함을 줄이고, 오직 제품 착용에만 집중하게 됨으로써 구매결정에 이르게 될 것이다. 이때 온라인 마켓에서는 기대할 수 없는 감성적인 접근, 예컨대 "고객님, 지금 헤어 컬러와도 아주 잘 어울리시는데요"라는 직원의 칭찬 한마디가 이루어진다면, 제품을 며칠 후에나 받아보게 되는 불편한 온라인 마켓에서 구매할 이유는 더 이상 없는 것이다.

필자는 지난 수년 모 브랜드의 리테일 매장 교육담당자로서 현장감 있는 교육 제공을 위해 고객심리, 소비자의 구매행태에 관련된 연구나 서적을 다양하게 접해 왔고, 현장을 직접 경험해 왔다. 이러한 과정을 거쳐 필자가 얻은 한 가지 진리는 바로 '고객도 내 마음과 같다'는 것이다.

직원이 아닌 고객의 입장으로 타 브랜드에 제품을 구매하러 갔을 때 경험에 비추어, 무엇이 나를 그곳에서 구매하게 만들었는지를 생각해보면 정답은 아주 간단하다. 내가 원하는 제품을 찾을 수 있을 때까지 편안하게 둘러볼 수 있도록 해주고, 수차례 그 제품을 경험해도 직원들의 눈치에 불편해하지 않아도 되는, 오래 머무를 수 있는 그런 곳이 바로 고객이 원하는 매장이 아닐까?

아직도 온라인 마켓으로 고객을 빼앗기고 있다고 불평, 걱정하고 있다면, 오늘은 우리 매장에 들어오는 고객의 체류시간을 한번 살펴보자. 환영하기, 다가가기, 경험하게 하기 단계에서 고객들이 편안함을 느끼고 있는가? 고객이 오래 머무를수록 매출은 분명 올라간다!

황혜진

adidas Group Korea,
HR-Talent/Development Manager
한양대학교 교육대학원 인재개발교육 석사과정

前 밀레니엄 힐튼호텔 트레이닝센터 전임강사

"매장의 숫자를 알면 성공이 보인다!" 매장의 운영지수(KPI)를 진단하고 활용함으로써 이를 판매 및 서비스와 연계하여 매출활성화를 도모하는 실질적인 리테일 운영기법의 전문가이다.

OFFLINE
STORE

매장의 혁신

'물건'에 '경험'을 더하라

1 돈으로 살 수 없는 것들

"인간들은 이미 길들여진 것만 알아요." 여우가 말했다. "그들은 무엇을 알 시간이 없어요. 그들이 상점에서 사는 모든 것은 기성품이죠. 그러나 우정을 파는 상점은 없으니 인간들은 친구가 없어요. 당신이 친구가 필요하다면 나를 길들여 가져요…… ."

– 생텍쥐페리의 『어린왕자』 中에서

동화 『어린왕자』 속, 여우 눈에 비친 인간들은 이미 길들인 것(기성품) 이외에는 관심이 없는 것처럼 행동한다. '우정을 파는 상점'이 없다는 순진무구한 표현을 통해 물질만능사회에서 바쁘게 살아가는 인간이 진정한 가치를 추구하는 일에는 소홀함을 의미심장하게 지적한 것이다. 그리고 마지막으로 여우와 어린왕자가 헤어지는 순간엔 주옥같은 명언을 남긴다. 그건 바로 '매우 중요한 건 눈에 보이지 않는다는 것'이다. 눈에 보이지 않는 가치는 돈으로 살 수 없다. 이는 우정을 파는 상점이 존재할 수 없는 이유일 것이다. 자본주의 사회에서 많은 부분들이 돈으로 거래되지만 여전히 세상에는 돈으로 살 수 없는 것들이 있고 사람들은 본능적으로 이처럼 돈으로 살 수 없는 가치를 추구하지만, 자본주의 사회 속에 바쁘게만 살면서 잊고 지내기도 한다. 하지만 업계를 선도하는 리테일러들은 어린왕자 속 여우의 역할을 자청하며, 자본주의 사회 속에 바쁘게만 살아가는 현대인을 위해 눈에 보이지는 않지만 소중한 가치들을 일깨워주기 위해 노력한다.

　현대에 '상점'이라는 공간은 가족들이 즐거운 시간을 보낼 수 있는 테마파크가 되기도 하고, 친구와 만나 수다도 떨고 쇼핑도 즐기며 행복한 시간을 공유할 수 있는 공간이 되기도 한다. 이 같은 즐거운 쇼핑 경험은 온라인 쇼핑몰이라는 효율적인 대체수단이 있음에도 불구하고 오프라인 쇼핑을 지속하게 만드는 원동력이 된다. 그리고 제품에 더불어 돈으로 살 수 없는 경험의 가치를 덤으로 얻게 된 고객들은 이 같은 기업의 진정성 있는 노력에 소비로 보답하는 든든한 후원자가 된다. 돈으로 구매하는 '제품'에 더불어 돈으로 환산할 수 없는 값진 경험을 '덤'으로 제공하는 것은, 온라인 매장이 제공할 수 없는 오프라인 매장만의 경쟁력이며 최후의 차별화 전략, 즉 히든카드인 것이다.

② 돈으로 살 수 없는 것들을 추구하는 소비자

사람들은 정말 본능적으로 돈으로 살 수 없는 가치들을 추구할까?

에이브러햄 매슬로 Abraham H. Maslow 는 인간의 욕구에 대해 학문적인 연구를 시도한 심리학자이다. 그는 인간에게는 반드시 충족시켜야 할 욕구단계가 있으며 이 욕구들을 강도와 중요성에 따라 5단계의 피라미드로 설명하였다.

1단계 욕구는 생리적 욕구로 먹고 자는 등의 최하위 단계의 욕구이다. 2단계 욕구는 안전에 대한 욕구로 추위·질병·위험 등으로부터 자신을 보호하는 욕구이다. 3단계 욕구는 애정과 소속에 대한 욕구로 가정을 이루거나 친구를 사귀는 등 어떤 단체에 소속되어 애정을 주고받는 욕구이다. 4단계 욕구는 자기존중과 사회적 인정을 원하는 평가욕구이다. 소속단체의 구성원으로 명예나 권력을 누리기를 원한다. 5단계 욕구는 자아실현의 욕구로 자신의 재능과 잠재력을 충분히 발휘해서 자기가 이룰 수 있는 모든 것을 성취하려는 최고수준의 욕구이다. 자신의 잠재력을 발휘해서 최선을 다하는 것은 바로 자아실현의 욕구가 표출된 것이다. 이렇듯 인간은 육체의 평안을 통해서, 사랑을 통해서, 명예를 통해서 또는 자신의 잠재력 개발을 통해서 나름대로 행복을 추구하는 것이다.[13]

---

13 두산백과 참조.

하위 단계의 욕구들은 물리적인 것들의 획득을 통해 해소되는 부분들이 많다. 배고픔을 채우고 싶으면 산과 바다와 같은 자연으로부터 식재료를 얻거나 혹은 구입하여 먹으면 되고, 몸을 보호하기 위해선 옷과 집을 구입하여 해소될 수 있다. 즉, 많은 부분이 돈으로 해결될 수 있는 욕구들이다. 하지만 상위 단계의 욕구로 올라갈수록 좀 더 돈으로 해결할 수 없는 추상적인 가치에 가까워진다. 그리고 이 같은 가치들은 대부분 돈이 아닌 '경험'을 통해 획득되는 것들이다.

매슬로는 하위 단계에 있는 욕구일수록 그 강도가 강하며, 하위에 있는 욕구가 만족되면 그것보다 상위의 욕구가 나타나게 되며, 하위 단계의 욕구가 충족되기 전에 상위 단계의 욕구를 충족시킬 수는 없다고 주장했다.

하지만 다나 조하르는 『영적 자본Spiritual Capital』이라는 책에서, 매슬로가 죽기 전에 자신이 예전에 한 말을 후회하면서 '피라미드를 뒤집어놓았어야 옳았다'는 취지의 말을 남겼다고 밝혔다. 거꾸로 뒤집힌 피라미드란 결국 돈으로 살 수 없는 것들에 대한 욕구는 모든 인간의 원초적 욕구라는 뜻이다.

이같이 인간은 돈으로 살 수 없는 무언가를 추구하고 보이지 않는 그것에 가치를 둔다. 더욱이 이미 기본적 물질의 욕구가 충족된 사회에서는 (예를 들면, 선진국과 개발도상국의 경우) 이 같은 현상이 더 할 것이다.

필립 코틀러는 『마켓 3.0』이라는 책에서 이제 소비자들은 자신의 '욕구'를 충족시켜주는 제품과 서비스뿐 아니라, 자신들의 영적 측면까지 '감동'시키는 경험과 비즈니스 모델을 찾고 있으며 '의미의 공급supplying meaning'이 바로 미래형 마케팅의 가치 명제라 주장하였다. 멜린다 데이비스 Melinda Davis는 자신의 인간 열망 프로젝트 Human Desire Project에서 "심리 영성적 psychospiritual 혜택이야말로 실로 소비자들이 가지고 있는 가장 근본적인 욕구이며, 아마도 기업이 창출할 수 있는 최후의 차별화일 것"이라고 말하였다.

중요한 점은, 인간의 욕구는 행동을 일으키는 동기가 된다는 것이다. 따라서 소비자가 구매를 하는 행위는 가슴속에 자리한 욕구에 의한 결과물이 되는 셈이다.

2012년, 애플 직영 스토어는 미국에서 생산성이 가장 좋은 매장 1위를 기록하였다(리테일세일즈 Retail Sales사 리서치 자료). 애플 매장은 $1m^2$당 평균 6,050달러의 수익을 내는 최고의 생산성을 자랑했다. 미국에는 애플 제품이 아마존 웹사이트 혹은 월마트와 같은 마트에서 할인된 가격에 구입할 수 있음에도 불구하고 사람들은 왜 굳이 애플 직영 스토어에서 정가를 다 주고 제품을 구입했을까? 이는 제품에 더불어 돈으로 살 수 없는 가치를 경험한 프리미엄 혜택에 대한 보답일 것이다.

이처럼 소비자들이 돈으로 살 수 없는 욕구를 자신의 상점에서 경험하고 충족할 수 있도록 하여 성공적인 비즈니스를 만들어나가는 리테일러들의 사례를 살펴보기로 하자.

③ 매장의 혁신 1: 교실이자 사교의 장

과거 우리는 전문가들이 제작한 TV 등의 미디어 콘텐츠를 수동적으로 소비하는 것에만 익숙해 있었다. 하지만 지금은 일반인들도 인터넷을 통해 전문가 못지않은 놀라운 콘텐츠 제작 솜씨를 뽐내곤 한다. UCC가 그 대표적 예인데 이는 전문가가 아닌 일반인들도 얼마나 놀라운 재능을 지니고 있는지, 그리고 그 재능을 가지고 사람들과 얼마나 소통하고 싶어 하는지를 보여주는 예이다.

교육 수준의 급격한 성장은 개인이 우수한 재능과 전문성을 지니게 만들어 주었다. 자신의 관심 분야를 직업으로 택하지 못한 사람들은 직장이 아닌 다른 곳에서 의미를 찾게 되었고 아마추어의 형태로 자신의 열정을 꽃피우기도 한다. 혹은 현직에 있거나 은퇴한 전문가들은 직업을 통해 쌓아온 전문성을 지식 혹은 재능 기부라는 형태로 사회에 더 큰 가치로 환원하기도 한다.

이렇게 자신의 재능을 의미 있게 활용하고자 하는 사회 분위기는 배움의 방법에도 변화를 이끌어냈다. 전문가 못지않은 실력의 일반인들이 넘쳐나는 덕에 의지만 있다면 누구나 선생님이 되고 강연자가 될 수 있는 교실과 무대가 만들어지고 있으며, 사람들은 비싼 수강료를 지불하지 않더라도 이들의 지식과 재능을 전수받을 수 있게 되었다.

기존의 전통적 학원 시스템에 반기를 들며 탄생한 트레이드 스쿨 Trade

트레이드 스쿨은 지식을 트레이드하는 개념으로 운영된다. 누구나 선생님으로 강의를 제안할 수 있고, 해당 강의를 수강하고 싶은 사람은 돈 대신에 그에 응당한 가치로 보답하면 된다. 만약에 강의 주제가 버터 만들기라면 학생은 강의료를 빵이나 옷, 야채 같은 물건으로 지불할 수도 있고, 학생이 가진 또 다른 지식으로 교환할 수도 있다. * 출처: trendpool.com

School, 브루클린 브레이너리Brooklyn Brainery, 스킬쉐어Skill Share가 그 대표적인 예로, 운영방법의 차이는 있지만 이들의 공통점은 일반인들이 자유롭게 서로의 지식을 공유하도록 한 배움터라는 것이다. 이곳에선 비싼 수강료도 필요 없고, 열정 하나만 있으면 된다.

뿐만 아니라 최근에는 오프라인 상점도 배움의 공간으로 활용되는 경우를 쉽게 찾아볼 수 있다. 기존 전통방식의 학원을 대체할 만한 질 좋은 수업에 대한 니즈를 오프라인 상점에서도 충족시킬 수 있게 하여 고객 만족도와 충성도를 높이고 있는 것이다.

더욱이, '매장'과 '교육'의 결합은 매슬로의 욕구 5단계를 모두 충족 시킬 수 있는 훌륭한 비즈니스 모델이 되기도 한다. 고객들은 매장의 제품 구입을 통해 하위 단계의 욕구들을 충족시킬 수 있고, 매장에서 제공되는 교육과 커뮤니티 활동을 통해 상위 단계인 사회적 욕구와 소속감, 자아실현 욕구들을 충족시키게 된다. 이렇게 오프라인 매장은 사람들의 기본적 욕구를 자극하여 사람들로 하여금 매장으로 찾아오고, 참여하게 만들고, 돈으로 충족될 수 없는 욕구까지도 충족시켜줌으로써 일반 소비자를 충성 고객으로 변화시켜 나가고 있다.

상점에서 교육을 제공하는 예로 우리나라에서는 쉽게 백화점의 문화 센터를 떠올릴 수 있다. 사설 학원과 비교할 수 없는 저렴한 금액으로 질 좋은 문화 강좌와 공연을 제공하여 고객들이 즐길 수 있는 공간으로 만들어 자연스레 백화점으로의 방문을 유도하고, 백화점에 들른 김에 식사도 하고 필요했던 물품도 사게 하는 것이 이들의 마케팅이다. 하지만 백화점 이외에는 그다지 매장을 교육장으로 활용하는 사례가 많아 보이지 않는다. 이제부터 소개하려고 하는 룰루레몬 애스레티카와 레이는 매장을 교육 공간으로 진화시킨 좋은 사례들이다.

● 고객의 인생 목표를 도와주는 룰루레몬 애스레티카

다이어리 브랜드 중 '프랭클린 플래너'는 쉽게 작심삼일이 되어 버리고 마는 사람들의 굳건한 의지를 심어주는 시간 관리의 동반자 역할을 자처하기에 그 인기가 더할 수 있었을지 모른다. 기존의 일반 다이어리는 예정된 일정에 대한 대략의 메모 혹은 사후 일들에 대한 날짜별 기록이 주였다면 프랭클린 플래너는 뭉뚱그린 날짜별 기록이 아닌 사전의 치밀한 플래닝, 우선순위에 따른 단기간의 시간별 업무처리와 자신의 가치관, 역할, 사명서 등의 장기적 인생 목표까지 정리할 수 있도록 디자인되어 있다. 프랭클린 프래너의 큰 묘미 중 하나는 제품을 효과적으로 활용할 수 있도록 사용설명회 및 시간관리 세미나를 고객에게 무료로 제공한다는 점이다. 고객들은 이 같은 트레이닝 참여를 통해 시간을 관리하고, 더 나아가 인생을 관리하고 목표를 성취해 나가려는 의지를 더욱 굳건히 할 수 있다. 제품 공급자는 단순히 제품을 파는 것으로 그치지 않고 진정성 있는 자극과 동기부여를 제공하며 고객과의 관계를 구축해 나가는 덕에 매년 90% 이상의 재구매율을 기록하고 있다고 한다.

프랭클린 플래너와 같은 방법으로 고객에게 동기 부여를 해주고 삶에 대한 목표의식을 고취시켜 주는 한 스포츠의류 브랜드가 있다. 여성들이 편하고 예쁘게 입을 수 있는 요가복을 전문으로 하는 스포츠의류 전문 브랜드 룰루레몬 애스레티카 Lululemon Athletica, 이하 룰루레몬이다. 룰루레몬은 1998년에 캐나다에서 탄생해 큰 성공을 거둔 후, 2000년에 미국에 진출했고, 현재는 호주와 뉴질랜드를 포함하여 160여 개 매장을 두고 있다.

룰루레몬 매장에서는 단순히 운동복만 팔지 않는다. 매장 직원들은 매장 내 고객들과 쉴 새 없이 요가에 대한 대화를 나누고, 더 좋은 요가 자세를 위한 조언을 하며, 정기적인 요가 클래스를 통해 고객들과 함께 호흡한다. 수업은 요가 강사 자격을 갖춘 매장 직원들과 매장 인근의 요가 스튜디오 강사들에 의해 진행된다.

길을 지나가던 사람들에게 매장 속 장면은 그야말로 진풍경이 아닐 수 없다. 매장에서 하나라도 더 제품을 팔기 위해 노력해도 시원치 않을 판에, 판매하는 의류와 집기들을 치우고 매트를 깔고 요가 한판을 벌이고 있으니 말이다.

지나가는 사람의 눈길을 끄는 또 하나의 요소가 있다. 그것은 매장 윈도우를 통해 전달하는 '가슴을 터치하는' 문구들이다. 예를 들면 '친구가 돈보다 중요하다', '하루에 한 가지씩 당신이 두려워하는 일에 도전하라', '춤춰라, 노래하라, 여행하라, 매일 치실을 하라', '스트레스는 만병의 근원이다', '우리가 지구에 하는 것은, 우리가 우리에게 하는 것이다'와 같은 것들이다. 이는 매장 윈도우뿐만 아니라 매장 내 벽면, 그리고 쇼핑백에도, 공식 온라인 홈페이지에도 보인다.

또한 룰루레몬은 매장 직원과 고객에게 자신의 향후 10년간의 목표를 설정하는 목표 설정 워크숍을 제공하기도 한다. 그리고 직원들의 경우 워크숍을 통해 설정한 개인의 목표들을 종이에 적어 매장에 붙여놓거나 단추 혹은 배지의 형태로 착용하게 한다.

마치 단기간의 스케줄에서부터 인생의 가치관, 역할, 사명서 등의 장기적 인생 목표까지 정리할 수 있도록 디자인된 프랭클린 플래너처럼, 룰루레몬 매장은 운동을 통한 고객들의 건강관리를 비롯하여 인생의 관리까지도 돕는 플래너 역할을 자처하고 있는 것이다.

더불어 매장이 제공하는 요가 클래스는 요가라는 공통의 관심사 아래 자연스레 커뮤니티를 형성하게 만들어준다. 그리고 커뮤니티 안에서 고객들은 서로 간의 자극과 동기부여를 통해 목표에 좀 더 쉽게 다가갈 수 있게 된다. 공동체가 아닌 개체로서의 인간은 어떤 계획을 세우고 실행하는 데 쉽게 의지가 나약해져 결국 작심삼일이 되는 경우가 많다. 피트니스센터, 독서실, 술을 끊는 모임 등과 같은 것들은 다이어트, 공부, 금주와 같은 공통의 목표를 가진 사람들이 함께 모여 혼자 힘으로 할 수 없는 것들을 성취할 수 있도록 돕는 공간이다. 그리고 바로 룰루레몬 매장 역시도 이처럼 공통의 목표를 가진 사람들이 함께 모여 혼자서 해내기 힘든 목표를 성취할 수 있도록 돕는 공간이 되어준다.

룰루레몬은 고객과 점원이 함께하는 '요가 커뮤니티' 외에도, 지역 커뮤니티와 연계된 다양한 비영리 활동들을 후원하고, 매장은 이들 활동의 중심축 역할을 한다. 다음은 룰루레몬이 공식 홈페이지를 통해 설명하는 커뮤니티 활동들의 예이다.

- 버지니아 커뮤니티의 에이지 씨는 매월 한 번씩 룰루레몬 매장에서 손님들과 브런치를 먹으며, 지역 내 비영리 단체의 각종 활동들을 소개해줍니다.
- 시카고 커뮤니티의 제니 씨는 자신의 몰 커뮤니티 내 자원 재활용 프로그램을 위한 노력에 앞장서고 있습니다.
- 밴쿠버 커뮤니티의 제이 씨는 룰루레몬의 플라스틱 상품권 카드를 재사용하여 쓰레기를 줄일 수 있는 방법을 연구하고 있습니다.

이렇듯 룰루레몬 매장은 개인에게 그리고 커뮤니티와 사회에 건강한 삶의 기운을 전파하는 매개체 역할을 한다. 그리고 여성들은 룰루레몬 매장을 찾고 행사에 참여하면서 스스로를 '자신의 삶을 위해 투자를 아끼지 않는 건강한 사람', '옳은 일에 동참하는 미덕을 갖춘 사람'으로 인식하게 된다.

컨설팅회사 DIG360의 데이비드 그레이 컨설턴트는 "룰루레몬은 자신을 '선$_{virtue}$'으로 정의하고 고객에게 '선의 가치'에 투자를 게을리하지 말라고 얘기한다"며 "덕분에 요가를 하지 않는 사람도 '옳은 일'에 동참하기 위해 룰루레몬을 산다"라고 분석했다.[14]

이렇듯, 룰루레몬의 요가복을 사는 것은 자신의 가치에 투자하는 것

---

14 남윤선, "아무나 살 수 없는 콧대 높은 마케팅… '요가복의 샤넬'만들다", 한국경제신문, 2012.09.06.

이라고 생각하게 만드는 룰루레몬의 마법은 결국 브랜드 차별화뿐만 아니라 영업 실적 향상에도 크게 기여하는 결과를 낳는다.

룰루레몬은 TV, 신문 광고 혹은 온라인 광고를 전혀 하지 않고, 심지어 판촉행사나 디스카운트 세일도 잘 하지 않는 브랜드임에도 불구하고 생긴 지 10년 만에 2조 원 매출 규모로 급성장하였고, 미국 종합 경제지 ≪포천≫이 2012년에 선정한 '가장 빠르게 성장하는 회사' 랭킹 100 중 6위로 선정되기도 하였다. 2012년 기준으로 지난 3년 동안 연평균 매출 증가율은 45%. 2012년, 생산성이 가장 좋은 미국 상점 조사에서 애플, 티파니 Tiffany & Co.에 이어 당당히 3등을 차지하였다(리테일 세일즈사의 리서치 자료).

룰루레몬 매장에서 요가 클래스가 진행되는 모습 * 출처: The Seattle Times

룰루레몬 매장 쇼윈도에 적혀 있는 삶에 영감을 주는 문구들 * 출처: www.ctvnews.ca

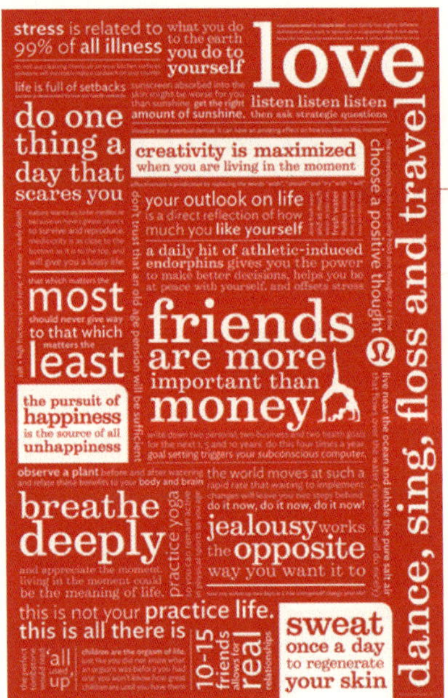

브랜드가 지향하는 컬처와 삶의 방식을
보여주는 문구들을 한데 모은
룰루레몬의 선언서(메니페스토)
본 선언서는 룰루레몬의 의류와 매장 그래픽,
쇼핑백, 공식 홈페이지 등에서
쉽게 발견할 수 있다.

룰루레몬 매장 벽에 걸려있는 커뮤니티 보드
매장 관련 이벤트뿐만 아니라 지역의 각종 행사 정보들을 담고 있다. * 출처: lululemon.com

● 아웃도어 스포츠의 즐거움을 알리는 REI

요즘 패션 시장의 화두는 '아웃도어'라고 해도 과언이 아닐 것이다. 한국의 2012년 아웃도어 시장은 5조 원이 훌쩍 넘는 규모로 폭발적인 성장을 이뤄냈다. 미국 아웃도어산업협회에 따르면 미국의 아웃도어 의류·신발 시장의 1년 매출액은 약 60억 달러(6조 6000억 원)이다. 국내 아웃도어 시장의 90%가 등산 및 하이킹 의류·신발에 집중돼 있으므로 의류·신발 카테고리만 놓고 보면 한국 시장이 미국에 이어 세계 2위이고, 인구 1인당 규모로는 세계 1위라는 평가도 나온다.[15]

한국에서는 아웃도어라 하면 쉽게 '등산' 혹은 '캠핑' 정도를 떠올린다. 그리고 그 외에는 그다지 떠오르는 단어가 없다. 하지만 아웃도어에서 즐길 수 있는 스포츠 카테고리를 살펴보면 그 종류는 참으로 다양하다.

산과 들을 걷는 트레킹과 하이킹, 운동 혹은 탐험 목적의 등산, 고무보트를 타고 계곡의 급류를 타는 래프팅, 소형 배를 타고 노를 저으며 즐기는 수상 스포츠 카약과 카누, 자전거를 타고 산을 즐기는 산악자전거, 스키나 스노보드 같은 윈터 스포츠, 텐트를 치고 야영하는 캠핑, 장비를 등에 짊어지고 1박 이상의 야영을 하는 백팩킹 등 아웃도어 스포츠의 세계는 참으로 다양하다.

재미있는 사실은, 한국에서는 이처럼 다양한 스포츠를 즐기기 위해 아웃도어 제품들을 구입하기보다는 패션 목적으로 구입하는 고객들이 다수라는 점이다. 등산 갈 때 주로 이용되던 아웃도어 의류가 요즘은 일상에서 편히 입는 일상복으로 활용되고 있고, 여기에 아웃도어 브랜드들의 연예인 마케팅이 더해지면서 유행을 좇아 입게 되는 패션 아이템이 되고 있다. 그 대표적인 예가 중고생들 사이에서 일명 '노페'라고 불리는 국민 교복 '노스페이스 점퍼'일 것이다. 중고생들은 노스페이스 점퍼를 스포츠 용도보다는 패션의 유행을 따르기 위한 용도로 구입하는 경향이 짙다.

아웃도어와 패션 트렌드가 만나 아웃도어 시장의 전성기를 맞이하게 된 상황에서의 위협요인은 '유행 지속기간의 한계성'이다. 유행을 따르기 위해 아웃도어 제품을 구입했던 고객은 유행이 끝나면 다른 유행을 좇아 이탈할 확률이 높다는 것은 자명하다. 그렇다면 이들의 이탈을 막는 방법은 무엇일까? 해답은 간단하다. 패션 목적으로 아웃도어 제품을 구입하는 일반 고객들을 아웃도어 스포츠 플레이어로 변화시키면 된다.

---

15 박수찬, "아웃도어 시장 폭발… 치킨 시장 닮아가나", 조선비즈, 2012.10.25.

아웃도어 제품을 단지 유행을 따르기 위한 패션도구로만 생각했던 사람들에게 아웃도어 스포츠가 어떤 것인지, 그것의 재미를 일깨워주고, 즐길 수 있게 만들어주면, 결국 이들이 아웃도어 스포츠 시장을 이탈하게 될 일은 없을 것이기 때문이다. 하지만 아웃도어 스포츠에 문외한인 고객에게 아웃도어 스포츠의 즐거움을 알린다는 것은 결코 만만치 않은 미션임이 분명하다. 지금 소개하고자 하는 레이라는 아웃도어 멀티숍은 '고객이 아웃도어 스포츠를 즐기게 만드는 방법'이 어떤 것인지를 명쾌하게 보여준다.

레이REI, Recreational Equipment Inc.는 단순히 아웃도어 제품만을 판매하는 매장이 아니다. 사람들이 밖으로 나와서 즐길 수 있도록 도와주는 매장이다. 소비자들은 매장에서 단순히 제품만을 사가는 것이 아니라 트레일에서 GPS는 어떻게 사용하는지, 초보자들이 카야킹하기에 어떤 수로가 가장 좋은지, 백패킹 시 어떤 물품들을 챙겨야 하는지 등의 소소하지만 쉽게 얻기 힘든 정보들을 얻어간다.

레이의 직원들은 고객들을 위해 친절히 응대할 뿐만 아니라, 자신들이 지닌 전문지식을 기반으로 소비자에게 아낌없는 조언을 해준다. 사내 복지와 인센티브 프로그램에 세심히 신경을 쓰는 레이는 ≪포천≫이 선정한 일하기 좋은 100대 기업 리스트에 1998년부터 16년 동안 계속 빠짐없이 선정된 바 있다. 레이는 이처럼 일하기 좋은 회사 환경을 구축하여 직원들이 직장에서 즐겁게 일하고 궁극적으로 고객들에게 최상의 고객 서비스를 발휘할 수 있도록 돕는다.

또한 레이는 좀 더 전문적인 지식을 얻고자 하는 사람들을 위해 아웃도어 활동 관련 강좌와 강연을 제공하기도 하며, 매장을 중심으로 자연스레 형성된 아웃도어 커뮤니티의 플랫폼 역할을 자청하기도 한다. 이렇게 레이의 매장은 단순히 제품만을 판매하는 상점의 개념을 넘어서 스포츠 관련 지식을 쌓을 수 있는 교실이 되기도 하고, 고객들이 서로 만나 공통의 관심사를 발견하고, 네트워크를 형성하게 되는 커뮤니티의 장이 되기도 한다.

레이가 운영하는 아웃도어 스쿨의 강좌는 암벽 등반, 패밀리 하이킹, 산악자전거, 백팩킹, 캠핑 스킬, 응급처치, 사이클링, 카약 등으로 다양하며, 강의의 레벨은 초보자에서 전문가 수준까지 모두 포함하고 있다. 강좌의 특성에 따라 수업은 매장 혹은 야외에서 진행되며, 웹사이트를 통해서도 다양한 교육 관련 자료를 접할 수 있다. 레이의 웹사이트에 접속하면 누구나 온라인 비디오, 전문가의 충고와 조언의 글, 체크리스트, 아웃도어 뉴스 등과 같은 각종 교육 관련 자료들을 열람할 수 있다.

그 어디에서도 이같이 다양한 아웃도어 스포츠 종목들을 온·오프라인 채널을 통해 체계적으로 강의해주는 곳을 찾기 힘들기에, 레이의 아웃도어 스쿨은 소비자들에게 더욱 가치 있게 느껴진다. 또한 매장을 통해 같이 스포츠를 즐길 수 있는 동료를 자연스레 만나고 서로의 지식들을 공유하는 과정에서 소비자들은 매장에서 돈으로 구매할 수 없는 그 이상을 가져가게 된다.

고객들은 레이 매장을 단지 아웃도어 장비 구입의 목적만이 아니라, 전문가의 조언, 교육 혹은 영감을 얻기 위한 목적으로 찾고 있다. 그리고 바로 이 점은 다른 경쟁업체들이 지니지 못한 레이만의 강점이 된다.

이 같은 사실을 깨닫게 된 레이는, 사람들이 모여서 교류하고 교육을 받는 공간인 커뮤니티 룸을 이전에는 매장 내 보이지 않는 공간에 배치했던 것에 반해, 최근에는 매장 중심과 같이 고객들의 접근이 쉽고 눈에 띄는 곳에 과감하게 배치하고 있다.

레이 임원진에 따르면, 커뮤니티 룸을 매장 중심부로 이동한 덕에, 레이 멤버십 가입률과 멤버들의 매장 방문율이 상승하는 결과를 낳았다고 한다. 이렇듯 레이는 '매장과 커뮤니티의 융합'을 통해, 간혹 방문할 법한 일반 고객들을 매장을 집처럼 드나드는 단골로 변화시켜 나가고 있는 것이다.

레이는 아웃도어 스포츠를 즐길 수 있도록 해주는 천혜의 자연에 보답하는 의미에서 자연보호 활동에도 앞장선다. 전년 영업 이익의 3%를 매년 자연보호 활동을 위해 기부하는 레이는 지역의 비영리 단체와 함께 연계하여 각종 자연 보호 활동을 주관한다. 레이를 통해 모집된 지원자들은 직접 소매를 걷어붙이고 산길을 정비하고, 해변을 청소하기도 하며, 동식물의 서식지도 복구한다.

아웃도어 스포츠와 자연보호 활동을 독려하여 집에서만 웅크리고 있는 사람들을 문 밖으로 나오게 만드는 레이의 진정성 있는 마케팅은, 패션의 목적만이 아닌 아웃도어 플레이를 위해 자신의 제품을 구매하도록 만들고자 노력해야 할 국내 아웃도어 브랜드들에 좋은 케이스 스터디가 될 것이다.

텍사스 레이 매장
매장의 중심(중이층)에
커뮤니티 룸이 자리하고 있다.
* 출처: seattletimes.com

뉴욕 레이 매장의 전경
* 출처: Business Insider by
　　　Daniel Goodman

뉴욕 매장 주변에 하이킹 할 만한 곳들의
지도를 계단 난간에 그래픽으로 표현한 모습
고객을 아웃도어의 세계로 초대하고자 하는 레이의 열정을 느낄 수 있다.
* 출처: Business Insider by Daniel Goodman

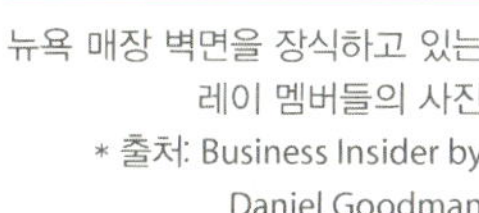

뉴욕 매장 벽면을 장식하고 있는
레이 멤버들의 사진
* 출처: Business Insider by
Daniel Goodman

 ## 매장의 혁신 2: 온 가족이 즐기는 놀이동산

어른이 되고 싶었던 13살의 꼬마가 소원을 비는 기계에 동전을 넣고 소원을 빈 후, 다음 날 자고 일어나 보니 정말 30살의 청년으로 변해버렸다는 코믹 영화 <빅>을 기억하는가? 이 영화는 나온 지 벌써 20년이 훌쩍 넘었지만 여전히 많은 사람들의 가슴에 추억으로 남아 있다. 특히 영화에서 톰 행크스와 로버트 로지아가 함께 장난감가게의 바닥에 설치된 커다란 피아노 건반 위에서 젓가락 행진곡을 치는 장면은 영화사에 길이 남을 명장면 중 하나이다. 영화가 히트하면서 장면 속의 실제 무대인 뉴욕 맨해튼 5번가의 장난감 상점, 에프에이오 슈워츠FAO Schwarz는 어린이들의 꿈의 공간으로, 뉴욕 여행자들이라면 꼭 들러야 할 명소로 사랑받았다. 1862년에 문을 연, 미국에서 가장 오래된 장난감 상점 에프에이오 슈워츠는 2000년 말경 미국 전역에 40여 개의 매장으로까지 확대되지만 2003년에 파산신청을 하는 굴욕을 맞게 된다. 월마트와 타깃과 같은 디스카운트 리테일러들의 저가 공습과 비싼 시그니처 장남감류에 어린이 고객의 구매욕구를 끌어모으는 데 실패한 것이 파산의 원인으로 작용했다. 이후 에프에이오 슈워츠는 토이저러스ToysRUs로 매각되었고, 40여 개였던 매장은 모두 영업을 접고 오직 뉴욕 5번가 매장 하나만 남게 되었다.

하지만 에프에이오 슈워츠의 오너인 토이저러스 역시도 최근 매출에 적신호가 들어온 상태다. 2009년에서 2010년으로 넘어오면서 순익이 11% 하락했고, 2010년에서 2011년에는 다시 순익이 5% 하락했다. 장난 감 리테일러에게 대목 중 하나인 크리스마스 시즌 매출 분석 결과, 미국 토이저러스의 2011년 성적은 2008년보다도 못한 것으로 나타났다. 그야 말로 최악의 크리스마스를 보낸 셈이다. 기존의 월마트와 같은 디스카 운트 매장과의 경쟁에 아마존 같은 인터넷 리테일러가 합세하였을 뿐만 아니라, 아이폰과 아이패드의 앱으로 아이들이 게임을 즐기기 시작하면 서 비디오게임기의 매출도 하락하고 있기 때문이다.

이처럼 거대한 장난감 회사들이 레드오션 속에서 고군분투하고 있을 때 혜성같이 등장한 라이징 스타가 있다. 바로 '아메리칸 걸American Girl'이 라는 인형 숍이다.

● 몸에 좋은 초콜릿 같은 '아메리칸 걸'

> "우리는 소녀들에게 비타민이 든 초콜릿을 줍니다. 우리의 책은 흥미롭고, 매거진 은 재미있고, 인형과 액세서리는 예쁩니다. 하지만 더 중요한 것은, 그것들이 어린 소녀들에게 자아의식을 갖게 하고, 우리가 어디에서 왔는지 우리가 누구인지를 일 깨워준다는 점입니다."
>
> – 아메리칸 걸 창업자 플레전트 로랜드Pleasant T. Rowland

비타민이 든 초콜릿 케이크를 먹는 것은, 비타민 없이 초콜릿만 가득 한 케이크를 먹을 때보다 죄책감을 덜하게 만든다. 위에서 창업자 로랜 드가 말한 것처럼, 아메리칸 걸 인형은 아이들에게 비타민이 든 초콜릿

케이크와 같은 존재이다.

아메리칸 걸은 '인형'이라는 장난감에 '미국 역사 교육'이라는 비타민을 담아낸 교육적 개념의 인형 브랜드이다. 초등학교 선생님이자, 뉴스 리포터, 교과서 저자 그리고 미국 광고 대행사 레오버넷Leo Burnett의 사장을 역임한 바 있는 유명 광고인 티엘Edward M. Thiele의 딸이었던 플레전트 로랜드Pleasant T. Rowland는 우연한 기회에 비즈니스 아이디어를 얻는다.

1984년 로랜드는 영국 식민지 시대의 삶을 보여주는 민속촌인 콜로니얼 윌리엄스버그Colonial Williamsburg를 여행하게 된다. 초등학교 선생님의 경력을 지녔던 로랜드는 그곳을 여행하면서 역사에 대한 이야기를 이처럼 활기차고 재미있는 방식으로 아이들에게 들려주면 아이들이 역사를 좀 더 흥미롭게 받아들일 수 있을 것이라는 생각을 하게 된다.

그리고 이듬해 크리스마스 시즌, 그녀는 장난감 가게에서 두 명의 여조카들을 위한 인형선물을 고르던 중 새로운 사실을 발견한다. 인형 시장 그 어디에도 조카 나이대의 '어린 소녀'를 모델로 한 인형은 없다는 점이었다. 당시에 그녀가 매장에서 살 수 있었던 인형의 종류는 오직 바비 인형과 양배추 인형뿐이었는데, 그녀는 그 어떤 인형도 사고 싶지가 않았다. 바비 인형은 어린아이들에게 빨리 성장해서 어른이 되길 바라는 마음을 품게 할 것만 같았고, 양배추 인형은 아이들이 어머니의 역할을 따라하게 만들 것만 같았다. 이때 그녀는 지난 콜로니얼 윌리엄스버그에서의 경험이 불현듯 스쳐 지나간다. 그리고 새로운 비즈니스 아이디어를 떠올리게 된다. 바로 어린 소녀를 모델로 한 인형들을 통해 미국의 역사 이야기를 재미있게 전달하는 것이었다.

장난감 가게와 콜로니얼 윌리엄스버그에서의 경험의 융합은 이후 로랜드가 '아메리칸 걸'이라는 인형 비즈니스를 시작하게 하는 계기이자, 브랜드 컨셉의 가이드 역할을 하게 된다.

로랜드는 재미있는 이야기책과 인형들을 활용한 콜로니얼 윌리엄스 버그의 축소판을 개발하여 미국인 가정에 공급하는 것을 비즈니스 플랜 초안으로 구상하였으나, 이후 플랜을 가다듬어 실제 고객의 평균 나이 즈음 되는 '9살 소녀'를 인형의 표본 모델로 삼고, 과거 미국 역사의 한 시대에 존재했을 법한 인형들의 스토리를 책으로 담아 시장에 내놓게 된다. 예를 들어 그녀가 개발한 컬스틴이라는 인형은 스웨덴에서 미국으로 이민 온 후 미네소타에서 살고 있는 1850년대 소녀이다. 그녀는 미국 개척자다운 도전적이고 용맹한 성격을 지니고 있다. 1940년대 시카고에 살고 있는 몰리라는 인형은 제2차 세계대전 속에서 강인한 애국심을 보여주는 소녀이다.

또한 인형과 이야기책에 더불어 철저한 고증을 통해 만들어진 인형의 의상 및 주변 소품들은 아이들이 역사를 마치 실제와 같이 접하게 만들어주는 데 한몫하였다.

어린 소녀 인형을 통해 역사를 생생히 아이들에게 전달한다는 로랜드의 아이디어는 크게 히트하게 되었고, 어른들이 사주고 싶은 인형이자 어린 소녀들의 워너비 아이템으로 등극하게 된다.

이후, 아메리칸 걸은 1998년 바비 인형 제작사인 마텔Mattel에 합병된 후에도 지속적인 성장세를 이어간다. 아메리칸 걸의 초창기 영업은 카탈로그를 발송하고 주문을 받는 DM 방식이었으나, 마텔의 인수 이후 오프라인 매장아메리칸 걸 플레이스 American Girl Place을 오픈하게 되면서 아메리칸 걸 브랜드는 더욱 유명해졌을 뿐만 아니라 아이들이 선망하는 브랜

2013년 1월 1일, 한 인형가게 앞에 어린 소녀들과 부모들이 긴 줄 속에서 매장 문이 열리기만을 기다리고 있다. 이들은 새해의 첫날 아메리칸 걸에서 일 년마다 한 번씩 출시하는 신상품인 '올해의 소녀girl of the year'를 그 누구보다 먼저 매장에서 만나보길 원하는 고객들이다. 올해의 소녀를 곧 손에 넣게 된다는 사실에 흥분된 아이들은 지루한 기색 없이 매장 문이 열리기를 기다리고 있다. 2013년 올해의 소녀로 베일을 벗은 세이지는 말 타기와 그림 그리기를 좋아하는 씩씩한 소녀이다. 특히 말을 실제처럼 그리는 것을 즐기는데. 이날은 특별히 미술학원 전문가가 초빙되어 세이지의 취미처럼 도화지에 말을 그려보는 미술 수업도 제공되었다.
* 출처: Diane Pathieu, "New American Girl Doll unveiled", abc 7 로컬뉴스 캡처, 2013.01.02.

드로 확실히 자리매김하게 된다.

마텔은 2012년 3분기에 주식 애널리스트의 기대치를 뛰어넘은 20억 8백만 달러의 매출을 달성하는데, 이 같은 매출 성적에는 아메리칸 걸의 역할이 컸다. 마텔의 브랜드들 중 바비 인형은 전년 대비 매출이 4% 감소한 반면 아메리칸 걸은 마텔 브랜드 중 최고 성장률인 16%를 기록하며 톡톡한 효자 역할을 했다.

"추억 만들어주기는 아메리칸 걸 매장의 존재의 이유라 할 수 있습니다."

이는 시카고 플래그십 스토어의 매니저가 한 호주 인터넷 매체와의 인터뷰에서 한 말이다. 아메리칸 걸 매장은 앞에 소개한 올해의 소녀 언베일 행사와 같이, 아이들에게 행복한 추억을 만들어주기 위한 다양한 행사들로 가득하다. 행사들은 매장마다 시즌마다 다르게 변화하는데, 콜라주 만들기 수업, 밸런타인 카드 만들기와 같은 무료 수업들이 제공되기도 하고, 카페에서 아빠와 함께 맛있는 식사를 하고 종이 공예 수업에 참여하는 행사, 혹은 카페에서 저녁식사를 즐기고, 뮤지컬을 보러가는 행사 등의 유료 패키지 상품이 운영되기도 한다.

또한 매장은 일반적인 인형 매장과 달리 차별화된 테마공간으로 아이들에게 재미를 더한다. 인형 판매 공간 외에 별도로 인형 전용 헤어살롱, 인형 병원, 카페, 인형과 함께 기념사진을 찍을 수 있는 포토 스튜디오, 서점 등의 테마공간을 만들어 아이와 엄마 그리고 인형이 함께 행복한 시간을 보낼 수 있게 해준다.

헤어살롱은 인형의 헤어스타일 변신, 귀걸이 피어싱, 피부관리를 받을 수 있는 공간이다. 사람도 아닌 인형의 헤어 변신에 20달러, 피부관리에 12달러가 드는데도 아이들은 인형에 이 같은 투자를 아끼지 않는다. 부모님이 아이를 챙기는 것처럼, 아이들은 아메리칸 걸 인형을 자신의 분신처럼 소중히 보살피고 싶어 하기 때문이다. 또한 인형이 아플 때는(예를 들면, 인형이 파손되었거나 얼룩이 졌을 경우) 인형 병원에 보내 아픈 곳을 치료할 수 있다. 15~45달러가량의 비용이 소모되지만 아픈(손상된) 부분을 말끔히 고쳐주어 아이들의 만족도는 크다. 또한 병원을 퇴원하여 인형 주인에게 전달될 때는 병원 가운을 입히고, 풍선, 건강증명서, 쾌유를 비는 카드get well card와 함께 보내준다. 인형을 인간처럼 대하는 아이들의 동심을 지켜주고픈 마음에서 나온 기발한 아이디어가 아닐 수 없다.

매장 내 카페는 아이와 엄마 그리고 인형이 함께 티타임과 브런치 등을 즐길 수 있는 장소이다. 또한 이 장소는 생일파티 장소로도 활용되는데, 시카고 매장의 경우 2011년 한 해 파티 행사 참여를 위해 15만 명의 사람들이 이곳을 다녀갔다. 매장 내 서점에서는 역사를 소재로 한 픽션 책들과 놀이책뿐만 아니라 아이들이 인생을 살아가는 데 필요한 조언과 충고를 담은 책들도 함께 판매되고 있다. 주제를 살펴보면 자신을 표현하는 방법, 부모님의 이혼에 대처하는 방법, 우정에 문제가 생겼을 때의 가이드, 친구를 어떻게 사귀고 우정을 지켜나가는지에 대한 방법 등으로 매우 현실적이고 구체적이다.

아메리칸 걸은 플래그십 스토어를 처음 오픈할 당시만 하더라도 매장을 통한 매출에 별로 크게 기대하는 바가 없었다. 단지 브랜드 인지도를 높이고 기존의 카탈로그를 통한 DM매출을 향상시키기 위한 마케팅의 일환 정도로 여겼을 뿐이었다. 매장의 컨셉을 결정할 때도 쉽게 감이 오지 않았다. 하지만 아이들의 참여를 북돋는 서비스 중심의 공간 설계로 매장 오픈 프로젝트는 대성공을 거두게 된다. 매일 예약이 가득 찼기에 아메리칸 걸의 플래그십 스토어 수는 이후 대도시 14곳으로까지 확대되었다.

아메리칸 걸 시카고 매장의 전경 * 출처: insideretailing.com.au

생일파티

포토 스튜디오

헤어살롱

카페에서 인형과의 티타임
* 출처: americangirl.com

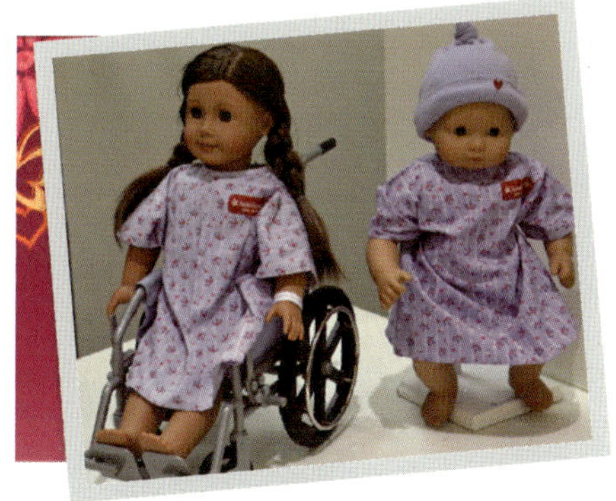

인형 병원
* 출처: insideretailing.com.au

● 어린이가 직접 문 여는 '디즈니 스토어'

디즈니 매장에서는 매일 아침 특별한 매장 이벤트가 진행된다. 이벤트 진행을 위해 디즈니 매장 직원은 먼저 매장 밖에서 영업 개시를 기다리는 아이들 중 한 명을 선택한다. 매장 문을 여는 오프닝 세러모니인 '언락 이메지네이션unlock imagination' 행사의 주인공을 픽업하기 위해서이다. 언락 이메지네이션은 매장 입구를 잠그고 있는 대형 자물쇠를 열 수 있는 대형 열쇠를 주인공 어린이에게 쥐어준 후, 어린이가 직접 열쇠로 매장 문을 여는 행사이다. 결과적으로 디즈니 스토어는 점원이 아닌 어린이 손님이 매장 문을 여는 셈이다. 행사에 참여한 주인공 어린이는 기념으로 행사에 사용되었던 열쇠의 미니어처인 '이메지네이션 키

Imagination Key'를 선물 받는다. 이는 매장에서 매일 일상처럼 진행하는 쉽고 간단한 행사에 불과할지 모르지만 행사를 경험한 아이들에게는 평생 잊을 수 없는 추억이 된다.

언락 이메지네이션 행사는 최근 리노베이션된 디즈니 매장에서 진행되는 이벤트 중 하나이다. 디즈니 스토어는 2009년부터 새로운 컨셉의 매장인 일명 '인터랙티브 스토어'를 기획하였다. 미국과 유럽 등지의 340여 개 매장을 5년여에 걸쳐 리노베이션하는 계획 아래 2010년부터 현재까지 한 곳씩 부지런히 매장을 변신 중이다. 인터랙티브 스토어는 어린이 고객에게 최고의 30분을 선사하고자 하는 발상으로 기획되었다. 최고의 30분을 위해 매장은 요술 트리, 디즈니 프린세스 성, 디즈니 극장과 같이 재미있는 요소들로 채워졌다.

재미있는 사실은, 디즈니가 픽사를 인수하면서 당시 주식 7%를 소유한 개인 최대 주주로서 디즈니의 이사진에 합류하게 된 스티브 잡스도 디즈니 스토어 리노베이션 전략 수립에 영향을 끼친 인물 중 한 명이라는 것이다.

사실 1987년에 시작된 디즈니 스토어는 오픈 이후 대성공을 거두어 600여 곳으로까지 매장이 확대된다. 그러나 이후 디즈니의 애니메이션 캐릭터 제품들에 식상해진 소비자들은 발길을 돌렸고, 매장 영업과 운영 비용이 큰 부담으로 작용하게 되면서, 2002년경에는 연간 매출 1억 달러의 손실을 보는 골칫덩어리로 전락하게 된다. 디즈니사 측은 2004년 결국 디즈니 스토어를 칠드런스 플레이스The Children's Place에 매각하게 된다. 이후 디즈니 라이선스를 획득한 칠드런스 플레이스에 의해 디즈니 매장이 운영되지만, 정기적으로 매장을 리모델링하기로 했던 월트 디즈니와의 계약을 지키지 못하였고, 디즈니 스토어의 서비스에 불만을 품고 항의하는 고객들도 생겨나게 된다. 당시 잡스는 월트 디즈니사의 CEO인 밥 아이거Bob Iger에게 이렇게 조언한다.

"월트 디즈니는 디즈니 스토어도 함께 관리할 필요가 있습니다. 라이선스로 브랜드 이름을 활용하는 제3자는 브랜드를 관리함에 절대 세심하지도 창의적이지도 않습니다."

이는 완벽을 추구했던 잡스가 애플사에서 그토록 고집했던 엔드투엔드end-to-end 방식, 즉 하드웨어와 소프트웨어의 통합뿐만 아니라 고객 경험에 영향을 미치는 리테일까지 모두 애플이 통합하여 관리하고자 했던 그의 신념에서 나온 조언일 것이다.

결국 2008년 디즈니는 칠드런스 플레이스가 운영하던 디즈니 스토어를 되찾아 오게 되고 2009년 디즈니는 디즈니 스토어의 대대적인 리노베이션 계획을 발표한다.

잡스는 프로젝트에 직접적으로 참여하지는 않았지만, 디즈니에 애플 스토어의 개발과 운영에 대한 정보들을 공개했고, 디즈니 임원진은 캘리포니아 쿠퍼티노에 있는 애플 리서치 오퍼레이션을 방문하기도 했다.

애플 매장에서 사용하고 있는 아이팟 터치 POS — 점원들이 매장 어느 곳에서나 고객의 결제를 도울 수 있도록 한 모바일 결제기기 — 와, 애플이 워크숍을 위해 커뮤니티 공간을 만들었던 것처럼 커뮤니티 공간의 역할로서 디즈니 극장을 도입한 것이 바로 애플 스토어를 통해 영감을 얻은 것들이다.

그리고 무엇보다 잡스가 강조했던 것은 실제 매장을 짓기 전에 실제 사이즈의 시험 매장을 만들어 보는 것이었다.

"회사 근처에 비밀리에 시험 매장을 짓고 설비를 완전히 갖춘 다음, 편안한 기분이 들 때까지 거기서 시간을 보내세요."

이는 애플사가 애플 스토어를 만들기로 결심했을 때 잡스의 의지를 지지했던 갭의 전 CEO 밀러드 미키 드렉슬러[16]가 잡스에게 해준 조언이다. 잡스는 드렉슬러에게 받았던 조언처럼 디즈니 측에 시험 매장을 하나 만들어 테스트해 볼 것을 강력히 권고했다. 사실, 매장 설계 작업의 테스트를 해볼 수 있는 시험 매장을 짓는 일은 대부분의 리테일러들이 매장 설계 시 비용과 수고를 덜기 위해 생략하는 부분이다. 하지만 이는 잡스가 애플 스토어를 기획할 당시 시험 매장에서 브레인스토밍을 하고, 매장을 수차례 매만지며 진화시켜 나갔던 소중한 경험에서 우러나온 조언이었을 것이다. 디즈니사는 잡스의 충고를 받아들여 캘리포니아 글렌데일의 물류창고 안에 시험 매장을 짓는다. 시험 매장은 디즈니의 브랜드 철학을 담아내는 데 중요한 역할을 하였다. 일례로 디즈니 스토어의 리노베이션을 주도적으로 이끈 디즈니 스토어 월드와이드의 짐 필딩Jim Fielding 사장은 시험매장을 둘러보고 '픽사스러움'이 부족함을 깨닫게 된다. 이 같은 깨달음 덕에 매장 내 한 영업 공간은 'WWTD: What Would Tinker Bell Do? 팅커벨이었으면 어떻게 했을까?'라는 익살스러운 이름을 얻을 수 있게 되었다.

사실, 모두가 낡은 매장을 인터랙티브 스토어 컨셉으로 변신시키는

---

16 밀러드 미키 드렉슬러Millard "Mickey" S. Drexler: 전 갭Gap CEO. 현 제이크루J. Crew의 체어맨이자 CEO. 40년 가까이 패션계에서 머천다이저로 일한 베테랑으로, 매출이 부진했던 갭을 미국 캐주얼 문화의 아이콘이자 국민 브랜드로 성장시킨 인물이다. 이후 제이크루로 옮겨 적자에 허덕이던 브랜드를 다시 흑자로 전환하는 데 크게 기여한다.

데 찬성한 것은 아니었다. 이사진 중 일부는 부모들이 매장을 아이들을 돌보는 탁아소처럼 사용하려 들 수도 있는데, 매장당 백만 달러가량을 소모하면서까지 매장을 고치는 것은 낭비라고 생각하기도 하였고, 또 다른 사람들은 매장에서 엔터테인먼트만 즐기고 정작 물건은 사지 않고 나가버릴지 모른다고 걱정하기도 하였다.

이때, 짐 필딩은 "지금이 바로 모험을 걸 때입니다. 소비자가 다시 지갑을 열려고 할 때, 우리는 그들을 위한 모든 준비가 되어 있을 것입니다"라며 이사진을 설득한다. 이후 짐 필딩은 반대하던 이들에게 직접 시험 매장을 둘러보게 하였고, '아이들을 위한 최고의 30분'이라는 컨셉을 담은 손수 제작한 책자를 전달하며, 매장이 어떤 모습으로 바뀌게 될지를 이해시킴으로써 매장 리노베이션을 위한 이사진의 합의를 이끌어낸다. 이로써 디즈니 매장의 새 컨셉 '인터랙티브 스토어'가 탄생하게 된 것이다.

디즈니 프린세스 성

디즈니 프린세스 성의 내부
성 안에 들어가면 마법의 거울이 나타나는데 지팡이를 흔들면 거울을 통해 공주가 마법처럼 나타나 거울 앞의 어린이에게 말을 걸어 놀라움을 선사한다.

매장 천장 공간으로 거대하게 뻗어 있는 요술 트리는 프로젝션을 통해 컬러와 영상을 입혀 사계절의 변화에 맞게 바뀐다. 또한 생일축하 행사가 있을 때엔 축하 음악과 함께 트리에 불꽃놀이 영상을 입히기도 하고, 토이 스토리와 라푼젤과 같은 디즈니 애니메이션 테마 분위기로 트리를 변신시킬 수도 있다. 매장 바닥에는 반짝이는 요정 가루의 길이 구불구불 나 있는데 이 길을 따라가다 보면 매장 내에서 시각적인 포인트focal point 역할을 담당하는 디즈니 스토어 극장에 다다르게 된다.

디즈니 극장
디즈니 영화 예고편, 영화의 한 장면을 담은 필름 클립들, 뮤직 비디오 등을 직접 아이들이 선택하여 재생할 수 있다. * 출처: blog.disneystore.com/blog

디즈니 극장은 이벤트 공간으로도 활용되는데, 디즈니 캐릭터를 그려보는 워크숍을 갖기도 하고, 재미있는 이야기를 들려주는 스토리텔링 시간, 생일파티 행사, 퀴즈 이벤트 등을 벌이는 데 활용된다.

5 매장의 혁신 3: 힐링 공간

집에서 회사, 회사에서 집, 다시 집에서 회사……. 매일 다람쥐 쳇바퀴 돌듯 하는 일상의 반복만 있다면 아마 미쳐버릴 것이다. 치열한 경쟁사회 속에서 회사(혹은 학교)란 곳은 항상 목표 달성을 위해 우리를 채찍질하기 마련이다. 또한 바쁘게 돌아가는 굴레 속에 덧입혀진 까칠함으로 우리는 타인들에게 무심코 상처를 주기도 하고 받기도 한다.

경쟁의 장소, 전쟁과 같은 공간을 피해 집으로 탈출해 왔더니 이곳이 아내 혹은 엄마의 잔소리 공간, 육아 전쟁의 공간 또는 청소한 지 일주일이 넘은 돼지우리와 같은 공간이라면?

이럴 때 우린 집도 아니고, 회사도 아닌, 제3의 공간에서 잠시 고민을 잊고, 때론 무상무념으로 시간을 보내고 싶다. 오랜 친구와 수다도 떨고, 새로운 사람들을 만나고도 싶다. 또한 기분이 우울할 땐 위안을 받고 싶다. 이렇게 제3의 공간에서 지친 영혼을 치유받고, 소진된 마음의 배터리를 재충전하고 싶다. 이것은 모두가 공감하는 현대인의 갈망이다. 치열한 생태계 속에서 뜯고 뜯긴 상처들을 제3의 공간에서 '힐링'이라는 방법을 통해 보듬지 않으면 안 되는 상황에까지 다다르게 된 것이다.

가정을 제1공간, 직장을 제2공간이라 한다면 제3의 공간이란 집도 아니고, 회사도 아닌, 나만의 시간을 즐길 수 있는 공간을 말할 것이다. 예컨대, 아줌마들에겐 따뜻하게 몸을 지지고 수다를 꽃 피울 수 있는 찜질

방, 아저씨들에겐 퇴근 후 동료와 함께 치킨에 맥주 한잔의 여유를 즐길 수 있는 호프집이 바로 제3의 공간이 될 수 있다.

업계를 선도하는 비즈니스 전략가들은 이 제3의 공간 컨셉을 그들의 비즈니스 모델에 적용하여 상업적 성공을 거둔다. 그 유명한 성공 사례가 바로 '커피를 마시는 제3의 공간, 스타벅스'이다.

리테일 업계도 예외는 아니다. 매장이라는 콘크리트 고체 덩어리에 감성을 자극하는 요소를 더해, 지친 현대인이 힐링을 위해 부담 없이 머물 수 있는 제3의 공간이 되어주고 있는 것이다. 사람들은 매장의 쾌적하고 편안한 분위기 속에서 기분도 전환하고 필요한 제품도 구입한다. 이렇게 '매장'이란 공간은 바쁜 현대인에게 쇼핑도 하고 힐링도 할 수 있는 '제3의 공간'이 되어주고 있는 것이다.

<섹스 앤 더 시티>의 캐리는 데이트의 상처를 치유하기 위해 얼마나 많은 신발을 사 모았던가! 그녀는 새로움이 가득한 쇼핑공간 안에서 이 신발 저 신발을 구경하며 데이트의 상처를 금세 잊곤 했다. 그녀가 우울할 때마다 쇼핑 공간은 기분전환하며 리테일 테라피를 할 수 있는 제3의 공간이 돼 주었다. 특별한 부담 없이 머물 수 있고, 언제나 방문객을 환영하는 밝고 따뜻한 분위기로 말이다.

'테라피'라 하면 뭔가 거창하고 위엄 있는 치료요법처럼 느껴질 수도 있겠지만 누구나 경험해본 그런 흔한 행위이다. 예를 들어 당신이 기분이 꿀꿀한 날, 기분을 달래려 친한 친구와 함께 쇼핑몰에 가서 윈도우 디스플레이에 진열된 제품을 구경하기도 하고, 마치 자석처럼 자신을 잡아끄는 매장에 기꺼이 들어가 구경도 하고, 쇼핑도 하다 보니 어느덧 기분이 좋아졌다면 바로 이것이 리테일 테라피인 것이다.

그런데 쇼핑 공간에 가면 우울했던 마음이 치유되고, 자연스레 기분이 좋아지는 것처럼 느껴지는 건 단지 막연한 환상일까? 그렇지 않다. 이같은 감정은 과학적으로도 설명된다.

인간의 기분이나 감정은 뇌 속의 신경전달물질(호르몬)과 밀접한 관련이 있다. 인간이 느끼는 감정은 모두 뇌의 작용이며, 뇌에서 어떤 호르몬이 분비되느냐에 따라 인간의 감정이 달라진다. ≪월스트리트저널≫의 한 기사는 왜 쇼핑이 사람들을 기분 좋게 만들어주는지를 뇌와 호르몬을 통해 설명하고 있다. 그 기사에 따르면 쇼핑 공간 안의 여러 요소들에 인간의 뇌가 반응한다고 한다. 예를 들어, 상점에 진열된 신상 핸드백, 친절한 점원 혹은 시선을 끄는 디스플레이 연출 등을 발견하게 되면 이 같은 요소들이 뇌를 자극하여 도파민dopamine 혹은 세로토닌serotonin 과 같은 신경전달물질이 분비되는 것이다.

행복 호르몬이라고도 불리는 도파민과 세로토닌은 이미 매우 많은 사람들에게 알려진 신경전달물질이다. 도파민은 육체적 그리고 정신적 건강에 중요한 역할을 담당한다. 이 호르몬의 적절한 분비는 쾌감과 즐거움에 관련한 신호를 전달하여 인간에게 행복감을 느끼게 한다. 세로토닌 역시 뇌에서 분비되는 신경전달물질 중 하나로 우리 마음을 편안하게 만들어주는 호르몬이다. 우울한 감정을 없애고 기분을 안정시켜 주는 역할을 하여, 우울증 환자 치료에 사용되기도 한다.

특히, 도파민의 경우 경험에 대한 기대, 기대하지 못했던 새로운 것을 발견했을 때(예를 들면, 매력적인 사물 혹은 사람), 도전의식을 북돋우는 것들을 발견했을 때, 무언가를 성취하였을 때, 좋아하는 음악을 들을 때 등에 반응하여 분비되는데, 쇼핑이 이 모든 자극의 요소들을 담고 있다는 점은 리테일러에게 참으로 반가운 정보가 아닐 수 없다.

뉴로마케팅 neuromarketing[17]의 아버지로 불리는 데이비드 루이스David Lewis는 10여 국을 무대로 300건 이상의 리테일 테라피 관련 실험과 연구를 진행하여 온 신경 심리학자이다.

그는 《월스트리트저널》의 기자를 쇼핑객(실험 대상)으로 설정하여 쇼핑 행위와 뇌 반응의 상관관계를 조사하는 실험을 해 보았다. 뉴욕의 고급 부티크인 인터믹스Intermix와 상설할인매장인 티제이 맥스T. J. Maxx에서 각 10분간의 쇼핑 여정이 추적 관찰되었다. 실험대상자의 심장박동 수를 측정할 수 있는 모니터, 뇌파 기록 장치가 동원되었고, 실험대상자의 손가락에는 피부 반응을 도표화하는 센서가, 바라보는 시야를 녹화하기 위해 실험대상자의 눈에는 카메라가 장착된 안경이 씌워졌다.

흥미로운 사실은 실험 결과 뇌와 심장박동이 동시에 반응하는 순간, 즉 행복감을 느끼는 순간은 상품을 바라보고 착용해보는 순간뿐만 아니라 상품 주변의 환경에 의해서도 크게 영향을 받았다는 사실이다. 이는 쇼핑객이 행복감을 느낄 수 있는 요소로서 '상품' 못지않게 디스플레이나 매장 레이아웃과 같은 '매장 연출'의 역할 또한 크다는 사실을 보여준다. 더불어 너무 많은 쇼핑 인파들에 치일 때, 형편없는 고객서비스를 경험했을 때, 혹은 소비자가 쇼핑으로 너무 많은 돈을 썼다는 것을 깨달았을 때는 이런 기분 좋은 느낌이 곧바로 사라진다고 루이스 박사는 조언한다.

자신이 좋아하는 음악을 들으면 도파민이 분비된다는 연구결과도 있

---

17 뉴로마케팅neuromarketing: 뇌 속에서 정보를 전달하는 신경인 뉴런(neuron)과 마케팅을 결합한 용어로, 무의식적 반응과 같은 두뇌활동을 분석, 이를 마케팅에 접목한 것을 말한다(네이버 지식백과 참조).

다. 캐나다 몬트리올 맥길대 연구팀은 19~24세 사람들 가운데 8명을 선정하고, PET스캐너 등을 이용해 이들이 좋아하는 음악을 들을 때의 반응을 조사했다. 조사 결과에 따르면 온몸이 짜릿할 정도로 좋아하는 음악을 들으면 선조체라는 뇌 조직에서 도파민이 분비되는 등 신체적 반응을 보이는 것으로 나타났다.[18]

자, 그럼 업계를 선도하는 리테일러들은 과연 어떤 방식으로 쇼핑객의 행복 호르몬을 분비시키고 있는지 살펴보자.

● '신상'을 접하는 쏠쏠한 재미, SPA브랜드

앞서 언급한 바와 같이, 인간은 '경험에 대한 기대감, 기대 못했던 새로운 것을 발견했을 때, 무언가를 성취하였을 때, 좋아하는 음악을 들을 때' 등에 뇌가 반응하여 행복감을 느끼게 하는 도파민이 분비된다. 그리고 SPA브랜드 매장은 이 같은 도파민 분비 조건의 최적 장소라 할 수 있다.

일명 패스트 패션Fast Fashion으로 불리는 SPA브랜드들은 빠른 회전율로 상품을 교체하며 항상 새로운 디스플레이를 고객에게 선보여 '새로운 것을 발견하는 즐거움'을 느끼게 해 준다. 일례로, 패스트 패션의 선두주자인 자라Zara의 경우 2주 간격으로 신상품을 출고한다. 이는 고객들이 매장에서 항상 새로움을 발견할 수 있게 하는 이상적인 주기라 할 수 있다. 덕분에 자라 주요 고객의 연평균 매장 방문횟수는 17회이다. 일반적

---

18 김교영, "도파민의 세계", 매일신문, 2012.05.17.

인 매장의 평균 방문횟수가 4회인 것에 비하면 상당히 잦은 빈도수이다.

이런 빠른 회전율은 여러 면에서 고객들의 도파민이 분비될 수 있는 여지를 제공한다. 매장 방문 전에는 '어떤 새로운 제품이 매장에 나왔을까?' 하는 기대감에 도파민이 분출되고, 쇼핑 중에는 기대하지 못한 새로운 것을 발견했을 때 2차의 도파민이, 제품 구매 후에는 성취감으로 인해 3차 도파민이 분출된다. 더욱이 매장 내에는 주 고객 연령층이 좋아할 만한 음악이 쉴 새 없이 흘러나와 기분 좋은 분위기에서 리테일 테라피를 할 수 있는 최적의 제3의 공간이 되기에 안성맞춤이다.

코스트코 역시도 매장 곳곳에서 발견할 수 있는 생각지도 못한 횡재 상품들로 고객들의 도파민을 분비시키곤 한다. 코스트코가 취급하는 약 4,000개의 SKU(상품) 중에서 3,000개는 '트리거trigger'라 불리는 소비자들이 늘 찾는 생활용품이고 1,000개 정도는 '트레져treasure'라 불리는 프로모션 상품들이다. 그리고 이 1,000개는 수시로 바뀐다. 비치 파라솔과 망원경에서부터, 몽클레르 다운재킷, 메르세데스 벤츠에 이르기까지 슈퍼마켓에서 상상할 수 없는 제품들이 보물찾기처럼 매장의 진열대에서 문득 발견될지 모른다. 최근에 판매되고 있는 트레져 상품으로는 다이아몬드, 웨딩드레스 등이 있으며, 놀랍게도 꽤나 잘 팔린다.

코스트코의 방문객은 매장 가는 길에 '보물찾기'에 대한 기대감에 행복 호르몬이 솟고, 보물을 발견했을 때 또 한 번의 행복 호르몬이 솟아 코스트코 매장에서의 쇼핑은 설레고 기분 좋은 것으로 여겨지게 된다.

● 어둠 속의 쇼핑, 아베크롬비 앤 피치

쇼핑몰 내에서 향긋한 냄새가 난다. 향기의 진원지를 따라가 보니 키 크고 체격 좋은 모델 같은 남성들이 반누드로 입구에 서 있고 환한 웃음으로 고객을 반기고 있다. 쇼핑몰 내에 위치한 걸로 봤을 때 옷 파는 매장인 것 같긴 한데 쇼윈도가 없어서 내부를 들여다볼 수는 없다. 호기심에 매장에 들어간 어르신이라면 문화적 충격에 빠질지도 모르겠다.

"이게 옷 파는 매장이야? 동굴처럼 너무 어두워서 옷 색깔이 빨간색인지 주황색인지도 잘 모르겠고, 가격표의 금액도 제대로 볼 수가 없네. 음악은 또 왜 이리 시끄럽게 커? 음악인지 기계음인지 분간이 안 가네."

이는 바로 아베크롬비 앤 피치 A&F, Abercrombie & Fitch 매장의 전경에 대한 묘사이다. 어르신들에게는 다소 낯설고 불편한 분위기일 수 있지만 적어도 A&F의 표적 고객 연령층인 18~22세(한국 나이 19~24세) 즈음의, 클럽에 가서 스트레스를 날리고 맘껏 즐기기를 좋아하는 젊은이라면 이보다 더 힐링하기 좋은 '쿨'한 장소는 없을 것이다.

A&F 매장은 독특하기로 유명하다. 일단 칠흑같이 어둡고, 판매하는 제품에만 스포트라이트를 쏘아주어 제품을 강조한다. 입구에는 편안한 라운지 의자가 있고, 그 옆에는 스탠드로 은은한 간접 조명을 비춘다. 뜻밖에 발견할 수 있는 포인트용 샹들리에 조명의 화려함, 그리고 클럽에서나 들을 법한 일렉트로닉 음악이 매장 내에 높은 데시벨로 울려 퍼진다. 매장이라기보단 럭셔리 클럽에 가까운 분위기이다. 매장 내에는 브랜드만의 시그니처 향이 가득하고, 판매하는 제품에도 향수가 뿌려져 있다. 심지어 매장 주변 거리에도 향수를 뿌려 거리가 향수 냄새로 가득

한데 이 향기만으로 A&F 매장이 근처에 있음을 감지할 수 있다.

A&F는 1892년 뉴욕에서 데이비드 아베크롬비David T. Abercrombie와 에즈라 피치Ezra H. Fitch에 의해 작은 스포츠용품점 형태로 탄생했다. 이후 성쇠를 반복하다가 오쉬맨즈라는 스포츠 전문 리테일러에 의해 인수되고, 1988년 다시 의류 리테일러인 리미티드사에 넘어간다. 1992년 리미티드의 의류부서 간부였던 마이클 제프리Michael S. Jeffries가 사장이 되면서 A&F는 승승장구하게 된다. 적자에 허덕이던 매출은 3년 만에 흑자로 돌아섰고, A&F는 1999년 리미티드에서 독립해 마이클 제프리가 회장 겸 CEO로 역임하게 된다. 현재는 연매출 4조 달러가 넘어선 규모로 성장했고, 미국 내 점포는 300여 개가 넘어 이젠 미국을 넘어 유럽과 아시아 등 해외로 활발히 확장 중이다. 또한 A&F와 더불어 3개의 파생 브랜드인 아베크롬비 키즈Abercrombie kids, 홀리스터Hollister Co., 길리 힉스Gilly Hicks로 브랜드가 확장되었다. 국내에도 2012년 여의도 IFC몰과 2013년 가로수길에 홀리스터 매장이 문을 열었고, 청담동 명품거리에는 '아베크롬비 앤 피치'의 첫 플래그십 스토어가 오픈할 계획이다. 비록 최근 아메리칸 이글American Eagle과 에어로포스테일Aéropostale에 미국 내 시장점유율을 빼앗기긴 했지만 해외 시장에서의 강력한 수요 증가에 힘입어 매출이 크게 개선되어, 2012년 4분기에는 예상을 크게 상회한 실적을 거두었고, 그에 따른 영향으로 주가가 34% 급등하는 등 1996년 뉴욕증시 입성 이후 최대 상승률을 보이기도 했다.

A&F의 성공에는 현 회장 겸 CEO인 마이클 제프리의 역할이 컸다. 오쉬맨즈가 A&F를 경영할 당시만 해도 A&F 매장은 경제지 《포브스》에서 '관련 없는 아이템들의 집합소'라고 혹평될 만큼 복잡 다양한 제품

들—남녀 비즈니스웨어, 남녀 캐주얼웨어, 스포츠웨어, 골프, 테니스 용품—을 취급하고 있었다. 하지만 마이클 제프리 이후부터는 A&F만의 명확한 브랜드 컨셉을 설정하게 된다. 그는 미국 대학생의 라이프스타일 브랜드라는 컨셉 아래, 대학생들이 동경하는 젊고 섹시한 이미지의 캐주얼 럭셔리 라이프스타일을 고객에게 제안한다. 그는 표적 고객을 이해하고 그들에게 감성적으로 접근하기 위해 그들의 의류·음악·엔터테인먼트를 체크할 인력을 채용하였고, 지금까지도 매달 대학 캠퍼스를 찾아가 학생들이 무엇을 입고, 듣고, 읽고, 즐기는지에 관해 얘기를 나누는 것이 직원들의 업무 중 하나이다.

그는 제품의 디자인뿐만 아니라 제품과 고객이 만나는 접점지대인 매장의 분위기에도 세심히 신경 쓴다. 그는 미국 웹진 ≪살롱≫과의 인터뷰에서 '나는 매장이 어떻게 비칠지, 느껴질지, 어떤 향이 나는지 등에 상당히 집착한다'고 밝힌 바 있다. 실제로 그는 브랜드 모델의 기용에서부터 매장 내 제품의 진열 등 아주 세세한 부분까지 챙기는 완벽주의자다. 헤드쿼터에는 견본 매장이 있는데, 그는 그 공간을 완벽히 꾸미기 위해 많은 시간을 그곳에서 보내곤 한다. 그리고 그 공간의 디테일 하나하나까지 사진을 통해 일반 매장에 가이드로 전달되도록 한다.

섹시한 캐주얼 룩을 제안하는 A&F는 매장의 남녀 직원들조차도 아름다운 외모의 매력적인 신체조건을 갖춘 사람들이 대부분이다. 주요 매장에는 스토어 모델이 배치된다. 상의 탈의의 식스팩 훈남들은 매장 입구에서 고객을 응대하고, 함께 사진을 찍어주기도 한다. 매장 내에서 소비자들과 대화하고 제품에 대한 조언을 해주거나 하는 것들이 그들의 주요 업무이다. 매장 벽면을 가득 메운 사진 속의 모델들은 운동으로 다져진 완벽한 몸매의 남성과 여성으로, A&F 옷을 입는 것은 마치 자신이 또래 중에 '제일 잘나가는' 무리에 속하는 듯한 느낌을 갖게 해 준다. 클럽에서만큼은 가능한 한 자신이 최대로 매력적이게 보이고 싶은 것이 클럽을 찾는 젊은이들의 심리일 것이다. 그리고 그들이 자신을 매력적으로 보이기 위해 할 수 있는 방법 중 하나는 매력적이고 패셔너블한 옷을 입는 것이다. A&F는 바로 그런 옷들을 소비자에게 제공하여 준다.

존 그레이John Gray의 『화성에서 온 남자, 금성에서 온 여자』라는 책을 보면, 남녀 간에 행복한 관계를 오래도록 지속할 수 있는 조언을 해준다. 필자가 젊은 날 이성과 헤어진 직후 방황의 시간을 보낼 때 친구 집에서 우연히 발견해 읽게 된 책인데, 소 잃고 외양간 고치는 심정으로 단숨에 읽었던 기억이 있다. 당시엔 이성의 심리를 배려하는 데 서툴렀기에 필자에게 이 책의 내용은 구구절절 너무도 신선한 충격이었고 뼈저리게 공감되는 부분도 많았다. 아직 잊지 않고 기억하는 내용 중 하나는, 문제가 생겼을 때 혹은 스트레스를 받으면, 남자들은 혼자 동굴 안으로 들어가 한 곳에만 집중해 스트레스를 풀고 나온다는 것이다.

재미있는 것은 A&F 매장이 마치 지친 젊은이들에게 동굴과 같은 공간이 되어준다는 점이다. 동굴과 같이 어두운 공간의 장점은 내가 누구인지 드러내지 않아도 된다는 점이다. 익명성을 전제로 그 누구의 시선도 신경 쓸 필요 없이 무상무념으로 쇼핑에만 집중할 수 있다.

바스 카스트Bas Kast의 『선택의 조건』이라는 책에서는 현대인들이 눈코 뜰 새 없이 바쁘게 사는데도 왜 늘 스트레스와 불안감에 시달리는지를 설명하고 있다. 익명성을 띠는 현대 사회에서 우리가 인정받을 수 있는 조건은 사회적 지위를 높이는 것이고, 돈을 많이 버는 것이며, 유명해지는 것이다. 우리는 이 같은 조건들을 갖추기 위해 끊임없이 일하고 경쟁하는데, 이는 결국 스트레스와 만성 정신질환을 가져다준다. 필자를 되돌아보니, 그동안 백화점에 갈 때나 고급 레스토랑에 갈 때는 최대한 잘 차려입고 가려고 노력했던 것 같다. 그 내면에는 매장의 직원에게 대접받기 위한, 혹은 사회적 지위가 있어 보이기 위한 심리가 깔려 있었을 것이다. 하지만 적어도 A&F 매장에서는 이 같은 노력이 필요 없다. 내가 누구인지, 어

더블린의 아베크롬비 앤 피치 플래그십 스토어
마치 고급스러운 클럽을 연상시킨다. * 출처: helpmystyle.ie

떤 학교에 다니는지 혹은 어떤 명함을 가지고 있는지, 연봉이 얼마인지 등은 중요치 않다. 그냥 어둠 속의 익명성을 전제로 동굴과 같은 제3의 공간에서 무상무념으로 쇼핑만 즐기면 된다. 또한 여기에 음악과 향기, 아름다운 이성(모델 점원)이 더해져 도파민까지 샘솟는다. '이보다 좋을 수 없다'라는 수식어는 바로 이럴 때 쓰라고 만들어진 말이 아닐까?

어둠 속에서 쇼핑하는 아베크롬비 앤 피치 고객들

젊음의 에너지로 가득한 아베크롬비 앤 피치의 점원들

아베크롬비 앤 피치의
홀리스터 매장에서
쇼핑을 마치고 나온 후
흐뭇해하는 틴에이저들
* 출처: dailymail.co.uk

마이크로소프트사의 마케팅 매니저 김연정 부장이 들려주는 "열 마디 말보다 한 번의 터치! 윈도우 카페 Windows Café 캠페인"

"안녕하세요. 새로 출시된 윈도우 8에 대해 5분 정도 시연해도 될까요?"

어디선가 불쑥 나타난 데모 앰버서더DEMO Ambassador가 도킹Docking 디태치Detach 모션으로 "착착" 하며 PC의 모니터와 키보드 부분을 분리해 보여준다. '뭐지?' 하는 의구심의 눈빛을 보내던 고객의 반응은 이내 "우와", "와우" 하는 탄성으로 바뀐다. 처음 보는 형태의 디바이스와 OS를 보고 놀라움을 표하는 이 현장은 바로, '카페베네 매장에서 진행된 윈도우 8 체험존'의 모습이다.

한국마이크로소프트는 지난 2012년 10월 말 윈도우 8을 한국에 론 칭하면서, PC매장에 오는 손님을 기다리기보다는 PC를 사용하는 소 비자들을 직접 찾아가는 친절한 체험서비스를 제공했다. '커피브랜드' 와 'IT브랜드'라는 이질적인 카테고리의 콜라보레이션으로, 동일한 소 비자군에 2가지 가치를 동시에 제안하는, 이른바 '듀얼Dual 체험마케 팅'을 선보인 것이다.

첫 출발은 이랬다. 새로 나온 윈도우 8의 특징과 가치, 그리고 터치 에 최적화되어 있다는 점을 효과적으로 어필해야 하는 과제를 놓고 고 민에 빠지게 된다. 눈에 보이지 않는 OS를 체험할 수 있게 하는 가장 임팩트 있는 방법이 뭘까, 터치에 최적화되어 있는 윈도우 8 OS를 고 객에게 가장 효과적으로 증명해 보일 수 있는 방법은 뭘까? 광고나 디 지털 마케팅, 이벤트 등을 수반하는 대대적인 마케팅 활동을 수립하고 있었지만, '고객체험'이라는 측면에서는 쉽게 풀리지 않았다. 고민 끝 에 내린 결론은 바로, '열 마디 말보다 한 번의 터치'였다.

그동안 마이크로소프트가 보유하고 있던 B2B 기업의 이미지와 달 리, 소비자에게 한걸음 더 바짝 다가선 고객밀착형 체험마케팅을 펼치 게 된 것은 아주 심플한 생각에서 출발했다. PC 매장에 오는 고객들은 윈도우 8이 장착된 다양한 PC를 자연스럽게 접할 수 있지만, PC 매장 을 방문할 일이 없는 잠재적인 PC구매자 혹은 PC사용자들은 어떤 방 법으로 만날 수 있을까? 트렌디한 PC사용자 고객군이 존재하는 곳, 즉 새로운 OS인 윈도우 8을 적극적으로 선보일 수 있는 공간(체험 미디 어로서의 장)을 찾아야 했다.

　한국마이크로소프트는 당시 오프라인 리테일 매장을 보유하고 있지 않았다. 이는 원하는 대로 관리할 수 있는 체험 플랫폼이 없다는 것을 의미한다. 하지만 과제는 명확했고, 정답은 바로 고객에게 있었다. 최근 우리나라 PC사용자의 상당수가 공부를 하거나 일을 하기 위해 카페를 찾는다는 사실과 몇 년 전부터 등장한 신조어 "코피스족 Coffice=Coffee+Office"과 PC 타깃 소비자군을 연계해 본 결과, 가장 효과적인 체험의 장으로서 '카페'를 떠올리게 되었다.

　PC 매장이 아닌, 카페 매장에 차려진 윈도우 8 체험존은 기획 단계부터 어떻게 '터치 경험'을 극대화시킬 것인가에 맞추어져 있었다. 사실, 국내 카페 안에서 IT 디바이스를 체험하는 것은 처음 있는 일이 아니다. 하지만 대부분 카페 한쪽에 디바이스를 배치하는 형태로 존재한 바 있고, 이 경우 고객의 필요에 따라 고객이 알아서 체험해야 하는 형태를 띠고 있었다. 해당 IT 디바이스에 대해 전문적인 교육을 받은 엠버서더ambassador를 통한 라이브 데모demo, 시연와 인터랙티브한 체험을 제공한 사례는 없었던 것으로 확인되자, 기존의 '카페 내 무인체험존'과는 다른 방식으로 고객 체험을 제공하자는 쪽으로 방향을 정하게 되었다.

　여러 카페 브랜드를 검토해 보고 내부 담당자들의 의견을 수렴해 본

결과, '카페베네'가 우리가 구현하고자 하는 체험의 장을 펼치기에 가장 적합한 파트너라는 결론에 다다르자, 파트너십 맺기 작업에 나서게 되었다. '고객 눈높이에 맞는 전문가를 투입하자'로 플랜의 뼈대를 세우고, 카페베네 마케팅담당자와 마주 앉았고, 양사의 콜라보레이션이라는 큰 틀은 첫 미팅에서 순조롭게 합의되었다. 하지만 전문 인력을 투입하고 싶다는 제안에 대해서는, '기존에 IT체험존을 만들었던 사례가 있어서 디바이스를 설치하는 것은 무리가 없지만, 우리 매장에 사람을 투입하는 것은 무리가 따르는 일'이라며 난색을 표했다. 그러나 고객 체험의 질적 향상과 고객이 가져갈 보이지 않는 가치에 대해 부각시키자 결국 담당자도 흔쾌히 내부 결정권자의 승인을 받아주었고, '카페베네 매장 내에서 엠버서더가 직접 시연하는 라이브 데모'는 비로소 현실이 되었다.

'커피 한잔의 여유를 아는 품격 있는 윈도우 8'은 그렇게 카페베네 매장에 자리를 잡고, 고객들에게 얼굴을 내밀었다. 커피 전문매장에서 혁신적인 IT 신제품을 만나는 독특한 경험은 카페베네와 마이크로소프트의 체험마케팅 콜라보레이션으로 구현될 수 있었고, 윈도우 8은 'TOUCH'라는 매개체를 통해 소비자의 손끝과 직접 만났다. 결과적으로 1달여 동안 14개 카페베네 매장에서 진행된 캠페인을 통해 2만 명 이상이 윈도우 8을 장착한 다양한 디바이스를 직접 'TOUCH(체험)'하는 성과를 낳았다.

마이크로소프트 내의 첫 회의에서 '카페에서 체험마케팅 캠페인을 전개하자'는 얘기를 꺼냈을 때, 어느 누구도 긍정적이지 않았다. 대부분이 "카페에 사람을 투입해서 윈도우 8을 소개한다고? 고객들이 좋아

유튜브 캠페인 후기 동영상에서 캡처한 사진 이미지

캠페인 동영상 보기

할까?", "어느 카페 매장이 우리한테 그런 자리를 무료로 내어 줄까? 장소비용이 엄청나게 들 것 같은데?" 하는 반응. 하지만 컨셉이 명확하니 한번 시도해 보자는 방향으로 함께 마음을 모았고, 결국 기대 이상의 성공적인 결과를 얻을 수 있었다. 거부할 것으로 예상되었던 카페의 고객들조차, 새로 나온 윈도우 8 디바이스를 보며 감탄했고, 이를 시작으로 소개된 윈도우 8의 새로운 기능들, 특히 윈도우 8의 시작화면인 라이브타일Live Tile은 신선함 그 자체로 다가왔다. 또한 기존 PC에서 볼 수 없었던 사진암호나 화면분할을 통한 멀티태스킹, 앱과 앱 간의 편리한 공유, 스카이드라이브SkyDrive와의 연동 등 다양한 기능들이 시연될 때쯤부터는 윈도우 8의 매력에 푹 빠지게 되었다.

새로운 PC와 OS를 함께 만날 수 있는 기회는 고객에게 커피 소비 이상의 가치 있는 경험과 큰 만족을 선사했고, 한 달 동안 진행될 예정이었던 체험존과 라이브 데모는 고객과 파트너의 요청으로 몇 개 매장에서는 한 달 더 연장해 진행되기도 했다. 체험고객 중 8천 명 이상을 대상으로 윈도우 8에 대한 반응을 조사한 결과, '체험 후 추천의향'이 '체험 전'보다 44% 이상 상승한 것을 확인할 수 있었다. 뿐만 아니라 오프라인 매장에서의 경험을 SNS로 연계시킴으로써 현장에서 직접 경험하지 못한 잠재고객들에게까지 간접경험을 전달하여 그 효과를 증폭시키기도 했다.

마이크로소프트 입장에서는 오프라인 리테일 매장을 보유하지 않고도 '카페'라는 감성적이면서도 전략적인 공간을 통해 '코피스Coffice족' 소비자군을 정확하게 공략한 성공캠페인을 진행할 수 있었고, 카페베네 입장에서는 글로벌 IT 대기업과의 콜라보레이션을 통해 다른 카페와는 차별화된 고객가치를 제공하는 것으로서 전혀 다른 차원의 브랜딩 효과를 거둘 수 있었다. 또한 고객은 한 공간에서 두 가지 체험을 동시에 누림으로써 평소 카페에서 누리던 기본가치와는 또 다른 가치를 얻어갈 수 있었다.

이미 다른 사례에서도 증명되었듯이 고객이 제품을 선택하는 여러 과정 중 '체험'은 그 자체로서 매우 중요하다. 이와 더불어, 마이크로소프트와 카페베네의 콜라보레이션 마케팅 사례는 고객이 경험을 획득하는 '시공간'이 그 체험을 극대화시킬 수 있는 중요한 요인이라는 사실을 보여준다. 결국, "적재적소 TPO=Time+Place+Occasion 원칙에 기반한 체험 Touch & Trial"이 답이다.

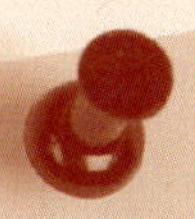

김연정

Microsoft Korea, Retail Sales & Marketing 부장

前 adidas Korea, Brand Communication Team 팀장
YAHOO! Overture Korea, Direct Sales TA Team 팀장
KORAD, Advertising Planning Team Senior AE

"삶은 어쩌면 진지한 놀이일지도……." 삶과 놀이, 사람과 커뮤니케이션에 관심이 많아 늘 새로운 시도를 즐기는 마케터이다.

OFFLINE
STORE

Part
6

리테일 마케팅 영감 불어넣기

"인생은 곱셈이다. 어떤 찬스가 와도 내가 제로(0)면 아무런 의미가 없다."

– 나카무라 미쓰루

며칠 전 쇼핑몰 엘리베이터에서 우연히 접한 명언이다. 기회는 누구에게나 찾아온다. 하지만 내가 0이면 아무리 곱해도 0밖에 될 수 없다. 비즈니스와 마케팅도 마찬가지라고 생각한다. 아무리 좋은 비즈니스 혹은 마케팅 제안이 들어와도 본인이 무지하면 들어온 기회를 제대로 활용할 수 없고, 마케팅 전략을 짜고 싶어도 머릿속이 백지장이면 좋은 아이디어가 나오기 힘들다.

이에 리테일 마케팅 영감을 불어넣어 줄 수 있는 흥미로운 마케팅 캠페인 사례 몇 가지를 소개한다.

① 태국 Big C 슈퍼마켓의 불꽃놀이 디스카운트 쿠폰

The Fireworks Discount Coupon(광고대행사 Lowe Bangkok)

— 배경

2010년 태국 폭동으로 파괴되었던 대형 슈퍼마켓 체인 Big C의 플래그십 스토어는, 매장 복구 후 2011년 재개점하게 된다. 슈퍼마켓 측은 강렬한 인상을 주는 개업 행사를 통해 소비자들에게 매장이 다시 재건되어 영업을 재개하였음을 알리고 구매를 유도하고자 하였다.

— 공중에 떠 있는 할인쿠폰 Discounts are in the Air

Celebration + Promotion = Discount Fireworks

매장의 오픈도 기념하고 판매도 촉진시킬 수 있는 윈윈 솔루션 개념의 특별한 개업 행사, 디스카운트 불꽃놀이!

Big C 슈퍼마켓은 매장 개점일에 방콕 지역 시민 모두가 즐길 수 있는 불꽃놀이 행사를 기획한다. 그런데 불꽃놀이 모양이 평범치 않다. 바로 할인쿠폰으로 사용가능한 숫자모양의 불꽃이기 때문이다. 8, 10, 80, 100의 모양으로 불꽃이 터지는데, 이를 찍은 사진을 매장에서 계산 시 제시

캠페인 동영상 보기

* 출처: canneslions.co.kr

하면 해당 숫자만큼(8, 10, 80, 100바트)의 할인을 받을 수 있다(한화로 약 300~4,000원으로 환산되는 금액).

— 결과

행사 관련 미디어 커버리지로 8백만 명에 홍보되는 효과를 낳았고, 불꽃놀이 사진은 SNS를 통해 공유되는 인기 사진이 되었다. 2만 5천 명 이상의 사람들이 개업 행사에 참여하였고, 개업 첫날의 입점 고객 수는 평상시의 두 배를 기록했다. 또한 4만 5천 개의 쿠폰이 회수되어 매출이 35% 상승되는 효과를 낳았다.

본 캠페인은 2011년 칸 국제광고제의 Promo and Activation 부문에서 동상을 수상하게 된다.

헬만 마요네즈의 레시피 영수증

Hellmann's recipe receipt(광고대행사 Ogilvy, Brazil)

— 배경

많은 사람들이 마요네즈를 단순히 샌드위치를 만들 때 쓰이는 소스 정도로만 여긴다. 하지만 마요네즈는 샌드위치 외에도 수많은 요리에 무궁무진하게 활용 가능한 소스이기도 하다. 유니레버의 헬만Hellmann's 은 자사의 웹사이트를 통해 이처럼 다양한 마요네즈의 쓰임새를 여러 레시피를 통해 알려온 브랜드이다. 이에 한발 더 나아가 헬만은 고객의 제품 구매 시점인 슈퍼마켓의 계산대까지도 레시피 전수의 장으로 활용하여 더 많은 소비자들이 보다 다양한 방법으로 마요네즈를 즐길 수 있도록 돕고자 하는 의도로 본 캠페인을 기획하게 되었다.

— 계산대에서 실시간 받아보는 나만의 맞춤 레시피

헬만 마요네즈를 구입하는 모든 고객에게 마요네즈를 활용한 요리 레시피를 영수증으로 출력해주는 프로모션!

슈퍼마켓 계산대에서 정산되는 쇼핑물품 중 헬만 마요네즈가 포함되어 있으면, 장바구니에 담긴 다른 식재료들과 함께 요리할 수 있는 레시피가 영수증 하단에 자동으로 출력된다. 예를 들어, 닭고기, 파슬리, 커리 그리고 헬만 마요네즈를 구입하면 '커리 치킨핑거' 레시피가 자동으로 출력되는 식이다.

— 결과

브라질의 세인트 마르쉐St. Marche 슈퍼마켓의 주요 지점 중 100여 개의 계산대에 해당 소프트웨어를 설치하여 3개월간 가동하였고, 수천 건의 레시피가 행사기간에 출력되었다. 고객들이 현재 갖추고 있는 재료의 범위 안에서 요리할 수 있는 활용도 높은 레시피를 적시 적소에 제공한 덕에 행사 초반 한 달간 마요네즈 매출이 44%나 상승하는 결과를 거두었다. 또한 2012년 칸 국제광고제 4개 부문에서 각각 금상 1개, 은상 2개, 동상 1개를 받았고, 런던 국제광고제에서 은상을 수상하기도 하였다.

Hellmann's turns your receipt into a personalized recipe combining the products you just bought

...se is only good for sandwiches. And even though ...teaching new uses to consumers, one challenge still

...rmarket, the software in the cash register detects it and ...ducts, printing a personalized recipe on the receipt itself.

RESULTS

The software was installed in around 100 cash registers at the St Marché supermarket chain, for over three months.
In the first month alone, the sales increased 44% and thousands of recipes were printed, teaching people how to use Hellmann's to prepare salads, meats, sauces, pastas and even sandwiches.

* 출처: liaawards.com

유튜브 캡처

캠페인 동영상 보기

③ 편안한 상태에서 지갑도 쉽게 열린다

고객의 마음을 느슨하게 만들면, 그들의 지갑도 쉽게 열린다. 마케팅 리서치 저널에 실린 한 연구에 의하면, 편안한 마음 상태에 있는 사람은 상품의 금액을 본래 금액보다 15% 높은 가치로 평가한다고 한다.

연구진은 한 그룹에 자연 풍경과 부드러운 음악이 담긴 명상 비디오를, 다른 그룹에는 로봇의 미래 역할을 담은 다큐멘터리를 각각 10분간 보여주었다. 영상 관람 후, 그들의 심적 상태를 설문을 통해 측정해 보니, 명상 비디오를 본 그룹이 로봇 다큐멘터리를 본 그룹에 비해 좀 더 긴장이 완화된 편안한 마음 상태인 것으로 측정되었다. 그 후, LCD모니터, 액자, 테니스, 진공청소기 등의 제품 사진을 보여주며 각 제품의 금액을 얼마쯤으로 생각하는지 물어보았더니, 명상 비디오를 본 사람들이 로봇 다큐멘터리를 본 사람들보다 평균적으로 사진 속 제품의 가격을 높게 평가하는 것으로 나타났다.

이후, 실험대상자들에게 카메라 사진을 보여주고 이베이에서 경매를 한다면 얼마에 입찰하고 싶은지를 물어보았다. 이 실험 결과 역시 편안한 마음 상태의 사람들이, 그보다 덜 편안한 마음 상태의 사람들에 비해 11% 높은 금액으로 입찰 금액을 책정하였으며, 그 금액은 실제 상품가보다 15% 높은 금액이었다. 편안한 마음 상태의 사람들은, 디지털 카메라의 구체적인 사양을 체크하기보다는, 소중한 순간을 간직할 수 있게 해주는 카메라의 추상적인 의미에 더욱 집중한 것이다.

명품 매장이 종종 한가롭고 여유로운 분위기로 공간을 연출한 것은, 이같이 편안한 상태에서 제품의 금전적 가치를 높게 느껴, 고가의 제품이더라도 기꺼이 값을 지불하게 하는 분위기를 유도하기 위함이 아닐까?

그럼 구체적으로 매장에서는 과연 어떤 방법으로 고객의 마음을 느슨히 이완시키고 있는지 함께 살펴보도록 하자.

● 쇼핑 중에 만나는 '아트'의 세계

편안한 마음으로 쇼핑을 즐길 수 있는 곳 중 가장 먼저 백화점을 떠올릴 수 있을 것이다. 한자어로 본 '백화점'의 의미는 백 가지 종류의 제품을 파는 상점인데 그만큼 많은 제품들을 취급한다는 의미를 담고 있다. 이같이 수많은 제품들로 둘러싸인 백화점 안에서, 별 문제없이 쇼핑을 즐기는 사람들도 있을 것이고, 반면에 백화점의 밀폐된 공간 안에서 수십 혹은 수백 개의 제품을 계속 살피고 쇼핑하는 것에 고됨을 느끼는 쇼핑객들도 있을 것이다. 따라서 백화점들은 매장 내 쇼핑객들에게 최대한 쾌적하고 여유로운 쉼터 공간을 제공하기 위해 노력하고 있다.

일반적으로 백화점의 중심부 및 구석구석에는 디스플레이 설치물, 미술품, 꽃꽂이 등이 자리하고 있어 쇼핑 중의 쉼표 역할을 톡톡히 해준다. 가령 신세계 본점 명품관의 경우, 매장 전 층이 하나의 갤러리처럼 고안되어 있고, 특히 6층 조각공원에는 제프쿤스의 세이크리드 하트를 비롯, 호안 미로, 헨리 무어 등 세계적으로 유명한 작가의 작품이 설치되어 있어 쇼핑 중에 예술을 접할 수 있게 해준다. 이는 매장 내 명품과 예술 작품들을 혼재하여 놓음으로써, 기존의 명품이 보다 더 가치 있어 보이게 하여 결국 비싼 금액이라도 기꺼이 지불할 수 있게 하는 동기를 만들어 줄 뿐만 아니라, 고객이 매장에 오래 머물러도 답답해하지 않게 해 좀 더 소비할 수 있도록 유도하는 효과까지 있다.

● 크로스오버를 통한 슬로우 쇼핑

기존 전통방식의 리테일이 단순히 자사의 물건만을 전시해 판매하는 형태였다면, 최근에는 이종 업종과 결합되어 좀 더 복합적인 성격의 매장으로 진화하는 모습을 보여주고 있다. 특히 리테일업과 식음료업의 결합이 두드러지는데 외국의 경우 남성 와이셔츠 매장 내에 위스키와 커피 등을 판매하는 바가 결합된 셔츠바www.shirtbar.com.au가 있고, 아동서적 서점www.booksandcookiesla.com에서 쿠키를 구워 팔기도 한다.

우리나라의 경우, 휴대폰 매장과 자동차 대리점에서 커피전문점을 숍인숍 형태로 끼워 넣어, 일 년 중 몇 번 찾을 일 없는 휴대폰 매장과 자동차 대리점으로의 접근성을 높이고, 커피를 마시기 위해 찾은 고객들이 여유롭게 매장 내 최신 제품들을 살펴볼 수 있도록 유도하기도 하고, 패션 매장에 커피숍 혹은 서적 및 문화 공간 등이 결합된 복합 문화 멀티숍들도 속속 등장하고 있다. 10꼬르소꼬모10 Corso Como, 어라운드 더 코너Around the Corner, 비이커BEAKER 등이 그 예인데, 옷을 구경하다가 갤러리에서 그림을 감상할 수도 있고, 서점에서 책을 보다가 그 옆의 카페에서 커피를 마시며 잠시 휴식을 취할 수도 있고, 출출하면 식사도 할 수 있는 식이다.

이는 고객이 매장에 오래 머물러도 답답함을 느끼지 않도록 하는 역할뿐 아니라, 긴장이 이완된 상태에서 제품의 금전적 가치를 높게 평가하는 인간의 심리 덕에 비싼 금액이라도 기꺼이 지갑을 열게 하는 효과까지 유도하니 그야말로 일석이조가 아닐 수 없다.

④ 패션코드에 맞춰 음악이 흘러나오는 스타허브의 뮤직 피팅룸

Musical Fitting Rooms(광고대행사 DDB SINGAPORE)

— 배경

상점에서 혹은 길가에서 제품 홍보를 위해 무료로 샘플을 나누어주는 경우를 접하곤 한다. 하지만 아무리 공짜로 받을 수 있는 샘플이라도 자신에게 필요 없거나 취향에 맞지 않는 것이라면 사양하기 마련이다. 따라서 기업의 입장에선 자신의 제품을 좋아할 만한 유효 타깃을 선별하여 공략하는 것이 무엇보다 중요한데, 지금 소개하고자 하는 뮤직 피팅룸 프로모션은 이 같은 점을 잘 고려한 프로모션이라 할 수 있다.

싱가포르의 스타허브Starhub는 자사의 온라인 뮤직 스토어를 홍보하기 위해 샘플 음악을 무료로 배포하길 원했다. 하지만 남들 다 하는 식의 의미 없는 단순 무료 배포 방식은 피하고 싶었다. 고객의 참여를 유도할 뿐만 아니라, 적정 타깃에 맞게 그들이 좋아할 만한 음악을 선별해 배포할 수 있는 방법을 고심하던 중 '뮤직 피팅룸'이라는 흥미로운 프로모션을 기획하게 된다.

— Music for Your Style

젊은이들은 자신의 패션과 즐겨 듣는 음악을 통해 자신이 어떤 사람인지를 표현하곤 한다. 반대로 패션과 음악코드를 통해 상대방의 취향과 라이프스타일을 간파할 수 있기도 하다.

이 점에 착안하여 스타허브는 의류매장과 공동 프로모션으로 피팅룸에서 고객이 입어 보는 의류의 스타일에 따라 그에 걸맞은 음악이 흘러나오도록 한 뮤직 피팅룸을 설치하게 된다. 또한 고객이 소지한 휴대폰에 해당 음악에 대한 정보와 무료로 다운로드할 수 있는 링크를 전송하도록 하였다. 옷에 RFID칩을 부착하고 이를 감지할 수 있는 리더기를 피팅룸에 부착하는 방법으로 본 프로모션이 가동될 수 있었고, 이는 스타허브의 주요 고객인 젊은 연령층이 즐겨 찾는 의류 매장 42곳(탑샵, 유니클로, 에너지 등)에 설치되었다.

— 결과

스타허브 입장에서는 고객의 선호 패션코드를 통해 고객의 취향에 맞는 음악을 제안할 수 있었고, 의류 매장 입장에서는 무미건조한 공간을 고객의 패션 코드에 걸맞은 음악으로 좀 더 신나는 쇼핑 환경을 조성해 줄 수 있었다는 점에 의미가 깊다.

프로모션 기간에 47,000건의 음원이 고객에게 제안되었고. 문자로 전송된 웹사이트 링크의 평균 클릭률은 84%, 유료 가입자는 21% 상승하

* 출처: canneslions.co.kr

캠페인 동영상 보기

는 결과를 얻었다. 또한 2011년 칸 국제광고제 4개 부문에서 금상 1개, 은상 2개, 동상 1개를 받았고, 그 외 스파이크 아시아 광고제 및 디지털 미디어 어워드에서 다수의 상을 받기도 하였다.

슈퍼마켓에서 영양사가 상주하는 웰니스 마켓으로!

— 배경

'웰빙' 바람에서 시작되어 '힐링' 열풍에 이르기까지 최근 육체와 정신 건강에 대한 사람들의 관심은 날이 갈수록 뜨거워져 가고 있다. 그중 '운동'과 '식재료'는 건강한 삶을 위한 중요 요소라 할 수 있는데, 헬스장에서 퍼스널 트레이너가 사람들에게 운동에 대한 코치를 해주듯, 식재료도 어떤 것들을 선택하여야 하는지 구입 시점에 전문가가 조언해준다면 얼마나 편리할까?

우리는 다이어트를 하고 싶을 때, 고혈압일 때, 임신 중일 때, 아기 이유식을 만들고자 할 때 등 식재료 선별과 관련된 다양한 상황에 놓이게 되곤 하는데, 도움을 얻기 위해 인터넷을 검색해 보면 출처도 명확하지 않은 수만 가지 정보들이 떠돌아 도대체 누구의 말을 따라야 하는지 난감할 때가 있다. 또한 건강 관련 TV프로그램을 통해 원하는 시점에 원하는 주제의 정보를 접하는 것도 쉽지 않다.

– 식재료 선택 어떻게? 매장 내 상주해 있는 '고수'에게 물어봐

미국의 슈퍼마켓 체인 하이비Hy-Vee는 매장 내 공인영양사를 상주시켜 소비자들의 건강한 식재료 선택을 돕고 있다. 슈퍼마켓이 건강 제품과 서비스를 파는 웰니스 마켓으로 진화하고 있는 것이다.

소비자들의 건강에 대한 관심의 증대를 반영하듯, 슈퍼마켓에서 영양사를 고용하는 것은 미국의 트렌드로 진화하고 있는데, 이는 일반 슈퍼마켓이 홀푸즈 마켓과 같은 유기농 전문매장과 월마트와 같은 초대형 할인마트와 경쟁할 수 있게 해주는 마케팅 전략이 되고 있다.

미국 내 슈퍼마켓에 고용된 영양사는 예선부터 미미하게는 존재히어왔다. 하지만 최근 3~4년 사이 기하급수적으로 늘어 현재는 슈퍼마켓 기업의 86%가 영양사를 고용하고 있고, 그들의 숫자는 500여 명 이상에 이른다. 그리고 이 숫자는 향후 2년 안에 두 배로 성장할 것으로 전문가들은 예상하고 있다.

하이비 슈퍼마켓은 기업 소속의 차원을 넘어 매장별 소속으로 전국 235개의 매장을 커버할 수 있는 190여 명의 영양사들을 매장에 상주시키고 있으며, 크로거Kroger, 자이언트–이글Giant-Eagle, H–E–B, 바샤스Bashas', 마이어Meijer와 같은 슈퍼마켓들도 이 같은 시류에 편승하고 있다.

– 슈퍼마켓 영양사가 하는 일?

슈퍼마켓의 영양사가 하는 일은 다양하다. 매장마다 조금씩 상이하기는 하지만 그들의 업무의 공통적인 목적은 소비자들이 제조사들의 과장 광고에 현혹되지 않고, 객관적인 정보를 바탕으로 좀 더 영양가 높고 건 강한 음식을 선별할 수 있도록 도와주는 데 있다.

- 매장 내 상담 및 투어: 매장 내에서 고객에게 상담을 해주거나 고객과 직접 매장을 돌며 건강한 식재료를 선택하는 방법을 알려준다. 예를 들어, 제품에 붙어 있는 식품영양성분표를 어떻게 읽는지, 신선한 과일과 야채의 소비가 왜 중요한지 등을 알려준다.
- 요리 시연 및 교육 프로그램: 어른을 대상으로 당뇨나 심장질환과 같은 특정 주제에 맞추어 어떤 식재료를 선별하여 어떻게 요리하는지 등을 교육하기도 하고, 아이들을 대상으로 영양에 대한 교육 및 매장 투어를 통해 어떤 음식을 섭취하는 것이 좋고 어떤 음식을 피하는 것이 좋은지를 알려준다.
- 슈퍼마켓 온라인 홈페이지나 팸플릿 등에 건강 관련 정보 제공
- 건강 식단에 맞춘 테이크아웃 식사 메뉴 개발
- 음식 섭취와 관련된 알레르기에 대한 가이드
- 슈퍼마켓의 광고, 전단지 등에 에셋으로 등장
- 로컬 푸드 및 건강 관련 프로모션 개발에 참여

- 효과

식재료를 구매하려는 고객들에게 건강한 식단을 위한 제품 선택을 돕고 다양한 정보를 제공해줌으로써 소비자들의 웰빙을 돕고, 더불어 정보제공자로서의 슈퍼마켓 이미지를 구축해 고객의 충성도를 높인다.

하이비 슈퍼마켓의 공인영양사가 고객에게 건강한 식재료를 고르는 방법을 알려주고 있다.

제품에 부착된 '영양사의 추천dietitian's choice' '저염', '고섬유질'과 같이 제품이 영양사에 의해 추천된 이유를 함께 간단히 표기하여 소비자의 제품 선택을 돕고 있다.
* 출처: The New York Times by Stephen Mally

⑥ 대형 마트 영업 규제로 전통시장 활성화?

대형 마트의 영업을 규제하는 것으로 과연 전통시장이 활성화될 수 있을까? 전통시장으로 소비자들의 이동을 기대하고 영업시간을 제한하고 강제휴무를 규정하는 유통법 개정안이 발효되었지만 여전히 그것의 실효성에 많은 사람들이 의문을 제기하고 있다. 대형 마트의 매출은 감소했고, 전통시장 역시도 매출 증가에 큰 도움을 얻지 못하고 있을 뿐 아니라 대형 마트에 납품하는 농어민과 중소업체들이 피해를 입는 상황에까지 놓이게 되었다. 소비자들은 냉정하다. 전통시장이 경쟁에서 살아남기를 원한다면 소비자들의 정에 호소하고 법에 의존하기보다는 근본적인 한계를 극복하기 위해 뼈를 깎는 노력으로 자신을 진화해 나가야 하지 않을까?

● 틈새시장을 공략한 제품 라인업, 런던의 전통시장
– "오직 이 시장에서만 살 수 있는 무언가"

필자는 영국 유학 시 용돈을 벌기 위해 런던의 올드 스피탈필즈Old Spitalfields 마켓과 포토벨로Portobello 마켓 그리고 캠던 타운Camden Town 마켓에서 한국 의류를 들여와 장사를 한 적이 있다. 그때 발견한 흥미로운 사실은 전통시장인데도 불구하고 젊은 고객들, 그리고 관광객들이 유난히도 많이 찾아온다는 점과, 의류를 한눈에 보고 입어보지도 않고 척척 현금으로 잘도 산다는 점이었다. 그 이유는 간단했다. 시장은 패셔너블한 다국적 디자이너 의류와 소품들, 수공예 및 앤티크 제품들로 가득해, 기성세대뿐만 아니라 젊은 세대들도 이 같은 진귀한 제품들을 구입하기 위해 너도나도 몰렸고, 그 제품의 가치를 인정하기에 그것의 금액을 지불함에 있어서 주저함이 없었던 것이다. 그리고 이 같은 흥미로운 제품들과 그것을 둘러싼 활기찬 시장의 분위기는 관광객들을 끌어 모으기에 충분했다.

식당의 멋진 인테리어보다 그곳의 맛이 우선이듯, 상점도 시설보다는 상점 내 제품이 먼저이다. 우리가 맛집을 찾는 이유는 오직 그 식당에서만 맛볼 수 있는 음식이 있기 때문이다. 맛집을 체험하기 위해선 식당의 거리가 멀거나, 주차여건이 안 좋거나, 식사 공간이 볼품없더라도 그 모든 불편을 감수하기 마련이다. 이 같은 논리는 전통시장에도 마찬가지로 적용될 수 있다. 편리하고 쾌적한 마트가 있음에도 불구하고 불편한 재래시장을 찾게 만드는, 그 시장만의 제품 차별화가 얼마나 중요한지 다시금 생각하게 되었다.

또 다른 예로, 런던의 보로 Borough 마켓은 오직 이 시장에서만 구입할 수 있는 식재료들의 라인업으로 유명하다. 보로 마켓은 엄선된 양질의 오가닉 식재료와 슈퍼마켓에서 구하기 힘든 다양한 나라의 식재료를 구할 수 있는 곳이기에 웰빙을 추구하는 미식가들이 즐겨 찾는 장터이다. 영국의 유명 레스토랑에서 엄선된 식재료를 공수하는 곳이자, 유명 요리연구가 제이미 올리버 Jamie Oliver가 장을 보는 곳이기도 하다.

보로 마켓 안 제이미 올리버의 모습
제이미 올리버의 책 『올리버 앳 홈』의 출간 기념 팬사인회가 평소 그가 즐겨 찾는 보로 마켓에서 진행되고 있는 모습이다. * 출처: london-se1.co.uk

● 120살 건물에 하이테크를 결합한 올드 스피탈필즈 마켓
– "전통과 현대의 공존"

600년 서민의 애환이 서린 피맛골은 도시 개발이라는 미명 아래 모조리 철거될 위기에 놓인 적이 있었다. 하지만 피맛골 일부가 철거되기 시작하자 '서울의 전통거리가 사라진다'는 시민들의 비판이 거세게 일었고, 서울시는 철거계획을 철회하고 수복재개발구간으로 지정하여 아직 헐리지 않은 곳을 보존하기로 했다. 이 같은 웃지 못할 해프닝은 사려 깊지 못한 전시행정에서 빚어진 무분별한 개발에 경각심을 일깨워주고, 전통이라는 '익숙하기만 했던 존재'의 소중함을 새삼 돌아보게 해준 사례이다.

전통시장이 가진 최고의 자산은 바로 '전통'이다. 가장 한국적인 것이 가장 세계적인 것이 될 수 있는 것처럼, 전통시장의 존재감은 그것의 오랜 역사와 전통에서 나온다고 해도 과언이 아니다. 그런데 전통시장 활성화 방안으로 최신식으로 거듭나기 위해 전통시장의 기존 시설과 형식을 송두리째 갈아엎는 경우가 가끔 목격되곤 한다. 이는 그동안 지역에서 다져온 역사와 지역주민들과의 정과 추억거리들을 모두 불도저로 갈아엎는 행위나 진배없다.

전통시장을 아무리 잘 뜯어고친다 하더라도 과연 대기업의 대형 할인마트 앞에 당해낼 수 있을까? 살아남고, 사랑받고 싶다면 '전통을 품은 개발'을 모색해야 할 것이다.

1682년에 시작된 올드 스피탈필즈 마켓은 300년이 훌쩍 넘은 지금까지도 건재하다. 런던 동부의 시티City of London, 런던의 금융 중심지와 이스트엔드East End의 접점에 위치한 올드 스피탈필즈 마켓은 주변 오피스의 직장인들, 지역주민들의 쇼핑 명소로 사랑받을 뿐만 아니라 국내외의 관광객들로 주말에는 북새통을 이룬다.

이처럼 오랜 역사 속에서도 런던 동부의 랜드마크이자 쇼핑 명소로 입지를 굳건히 할 수 있었던 올드 스피탈필즈 마켓에도 위기는 있었다. 1980년대 중반, 시티 지역의 번성으로 오피스 공간의 수요가 늘면서 마켓 자리가 도시개발계획에 따라 존폐 위기에 처하게 된 것이다. 하지만 마켓을 철거하고 오피스 공간으로 탈바꿈하고자 했던 원안은 지역주민,

외벽을 받치고 있던 전통 건물을 유지하고 모던 건축 양식을 세련되게 결합한 올드 스피탈필즈 마켓
* 출처: londonist.com

상인 및 과거유산 보존을 주장하는 대중의 반대여론에 부딪혀 무산되었고, 이후 여론을 수렴한 절충안으로 개발이 진행된다. 빅토리아 시대에 지어져 120여 년의 역사를 지니고 있던 기존 건물의 외벽을 유지하고, 전체 공간의 절반 정도를 시장 공간으로 유지, 나머지 절반을 오피스 공간과 시민을 위한 쉼터로 탈바꿈하게 된 것이다. 1987년에 시작된 재건 사업은 2005년에 드디어 완성될 수 있었다. 18년이라는 다소 긴 준비기간이 있었지만 수많은 시행착오를 통해 정부·개발자·지역주민·시장상인·시민 모두가 만족할 만한 성공작을 만들었다는 점에서 의미가 깊다.

하이테크 건축의 거장이자 영국의 대표 건축가 노만 포스터Norman

Foster는 기존의 전통시장 건물 서편을 하이테크 건축 양식의 오피스와 광장 Bishops Square으로 세련되고 절묘하게 결합시키는 데 그의 능력을 유감없이 발휘하였다. 또한, 휠체어와 유모차를 이용하는 고객들도 전혀 불편함 없이 시설을 이용할 수 있게 하였다.

올드 스피탈필즈 마켓은 전통과 현대의 건물이 조화롭게 혼재되어 흥미로운 경관을 자아내기에 영상미가 중요한 뮤직비디오의 촬영 장소로 이용된 바 있다.

또한 시장 서편의 비숍 스퀘어 Bishops Square와 트레이더스 마켓 내부 크리스핀 플레이스 Crispin Place는 시장을 방문한 쇼핑객들이 즐거운 여가시

2012년 8월 올드 스피탈필즈 마켓 앞 대로에서 촬영된 영국의 슈퍼스타, 로비 윌리엄스 Robbie Williams의 뮤직비디오 〈캔디〉의 한 장면

자연과 예술이 함께하는 올드 스피탈필즈 마켓 서편 비숍 스퀘어는 쇼핑객들과 주변 직장인들에게 사랑받는 쉼터로 자리 잡았다. * 출처: fosterandpartners.com

간을 보낼 수 있는 다양한 행사를 벌이는 곳으로 활용된다. 유명 작가들의 조각 작품을 전시하는 퍼블릭 아트 프로그램과 런치 타임 콘서트, 댄스 이벤트 및 패션쇼 등의 커뮤니티 이벤트 등이 연중 다채롭게 개최된다. 더욱이 조경시설을 갖춘 쉼터 공간인 비숍 스퀘어와 곳곳의 카페와 레스토랑이 더해져 슬로우 쇼핑이 가능하다. 과거 퇴출 위기에 몰릴 뻔했던 재래시장이 전통을 지키고자 하는 수호정신과 빛나는 아이디어를 통해, 가족 또는 친구들과 여가를 보내며 삶의 활력을 되찾는 복합문화공간으로 재탄생한 것이다.

Epilogue

아마존닷컴이
오프라인 매장을 연다면?

이곳은 온라인이라는 비물리적 공간의 상점이다. 하지만 누가 단골인지를 정확히 파악해 그들에게 맞춤형으로 대문을 장식하고, 상품을 제안한다. 또한 처음 방문하는 손님을 어떻게 맞이하고 상품을 제안할지 끊임없이 연구한다. 그리고 수억 명의 회원들에 의해 작성된 상품리뷰로 고객의 신중한 구매결정을 돕는다. 구매결정 즉시 '원클릭'으로 모든 결제가 완료된다. 이는 바로 아마존닷컴의 쇼핑환경이다.

아마존닷컴은 '고객의 편의'를 최우선으로 하여 '편리한 시스템'을 구축하기 위한 도전과 혁신을 멈추지 않은 덕에 세계 최대의 온라인 리테일러이자 e커머스의 게임체인저로 부상할 수 있었다.

그런데 최근 뉴스를 통해 아마존닷컴이 오프라인 매장을 개설하고자 한다는 소식이 들려오고 있다. 오프라인 매장 개설을 통해 그동안 제공하지 못했던 물리적인 편의까지도 충족시켜 주기 위해서일 것이다. 이는 아무리 저가의 온라인몰이 공세를 펼치더라도 오프라인 매장은 없어질 수 없음을 방증한다. 여전히 많은 사람들이 '터치 앤 필Touch and Feel'을 통한 제품체험, 결제 즉시 제품의 획득, 물리적 공간에서의 쇼핑의 즐거움 등을 중요시하고 있다. 또한 브랜드 · 리테일러에겐 확고한 브랜드 아이덴티티를 어필하고, 고객과 마주하여 고객충성도를 높이고, 커뮤니티를 육성하는 데 오프라인 매장은 여전히 필수불가결하다.

온라인 비즈니스가 성장하게 되면서 전통 오프라인 리테일러들이 e커머스를 병행하게 된 것처럼, 온라인 리테일러들도 최근에는 오프라인 매장을 구축하는 사례가 늘고 있다. 이렇게 한 리테일러가 다중의 유통채널을 운영하게 된 이상, 이제는 다중의 유통채널을 서로 매끄럽게 연결하여, 고객이 채널을 이동하며 브랜드를 경험함에 불편함이 없도록 하는 옴니채널 리테일러만이 경쟁에서 살아남게 될 것이다.

오프라인 쇼핑에 온라인 쇼핑이 자연스레 융합되고, 현실세계에 디지털세계가 유기적으로 결합되는가 하면, 기존 오프라인 매장은 오프라인이라는 물리적 특성을 살려 '쇼룸'과 '물류의 허브' 등의 새로운 역할로, 또한 '이벤트' 개최와 '커뮤니티'의 결집을 위한 물리적 플랫폼 등으로 특성화되고 있다. 이렇듯 기존의 오프라인 매장에 대한 새로운 인식과 접근이 필요하다.

비즈니스의 패러다임을 바꾸는 일은 결코 쉽지만은 않다. 전통 리테일러가 아니었던 IT기업 애플은 애플스토어를 통해 전자제품 매장의 새로운 패러다임으로 기존의 가치를 전복시켰다. 이는 애플이 오히려 전통 리테일러가 아니었기에 고정관념 없는 시각으로 접근할 수 있어서 가능한 일이었다. 더욱이 IT기업의 특수성을 살린 테크놀로지의 가미는 고객의 편의를 도모하고 매장을 즐거운 쇼핑의 장으로 만드는 화룡점정이 되었다.

자, 이제는 고객의 편의를 위한 시스템 구축이 주특기인 아마존닷컴까지도 오프라인 매장 구축에 합세하고자 한다. 바야흐로 치열한 리테일 전쟁이 시작된 것이다.

이 시점에 반드시 명심하자. 변화에 빠르게 적응하거나, 혹은 새로운 패러다임의 제시로 게임의 법칙을 바꾸어나가는 자만이 치열한 리테일 생태계에서 살아남을 수 있다는 사실을…….

Part 1 다수에서 전체로 − '옴니채널'로 리테일링하라

곽승웅, "거울 앞에만 서면 사이즈가 쫙 나와… 150년 된 美백화점과 첨단 IT의 만남",
    조선일보 위클리비즈, 2012.06.02

김은희, "미국 백화점 잃어버린 10년?「갭」, 타겟, TJ맥스 등이 셰어 뺏어가",
    패션비즈, 2012.09.12

송지혜, "카탈로그 '각인'→쇼룸 '체험'→인터넷 '판매'… 멀티채널로 고속성장", 한
    국경제신문, 2011.05.26

"베일리가 손댄 지 10년, 버버리 근엄을 벗다", 중앙일보, 2011.09.28

"인텔社에서 배포한 메이시스 뷰티스팟", Press Release,
    http://download.intel.com/newsroom/kits/nrf/2012/pdfs/Macys_
    Giving-Cosmetics-Counters-New-Face.pdf

"Examining In-Store Pickup Options", eMarketer, 2010.01.04

"Indoor Location Technologies: The 5x Engagement Factor", pointinside.com,
    2013.03.01

"Special edition: Omnichannel retailing", 2011 Retail Holiday Newsletter #3,
    BAIN & COMPANY, 2011

"Williams-Sonoma Sales Soar 62%, Boosted by Multi-Channel Integration",
    risnews.edgl.com, 2011.05.24

"Williams-Sonoma Omni-Channel Strategies Boost E-Commerce Sales 18%",
    risnews.edgl.com, 2011.08.29

Aggarwal, Monica & Hu, Isabel, "Department Stores: Clamoring for Share",
    Fitch Ratings, 2012.07.09

Carsten, Thoma, "The Omnichannel Shopper: Anytime, Anyplace, Anywhere",
    retailonlineintegration.com, 2010.12.23. Retrieved on 2010.03.02.

Chantal Tode, "Store mode significantly increases retail app engagement levels", mobilecommercedaily.com, 2013.02.12

HOW YOU CAN JOIN THE OMNICHANNEL SHOPPER IN TRANSFORMINGAUSTRALIAN RETAIL, 8p. researched by Deloitte Touche Tohmatsu /commissioned by telstra, 2012

Jennifer Jones, James Lambert, Paul Ciasullo, WILLIAMS-SONOMA, INC. 비즈니스 전략 제안서. Griffin Consulting Group. 2012.04.04

Joe Skorupa, "Macy's Blueprint for Omnichannel Dominance", risnews.edgl.com, 2013.03.05

Kirsten Kennedy, "Tesco introduce drive through service as part of turnaround", movehut.co.uk, 2012.10.09

Marcus Wohlsen, "Walmart.com CEO: We Embrace Showrooming", wired.com, 2012.11.23

Nikki Baird and Brian Kilcourse, Managing Partners, "Omni-Channel Fulfillment and the Future of Retail Supply Chain", scdigest.com, March 2011

Paul Demery, "Macy's names a chief omnichannel executive", internetretailer. com, 2013.01.29

Retailgeek, "Best Buy Deploys QR Codes to Enhance Shopping Experience", retailgeek.com

Robert Johnston, "Leading lights", GQ magazine, 2013.05.05

Stephanie Clifford, "Luring Online Shoppers Offline", The New York Times, 2012.07.04

Stephanie Clifford, "Nordstrom Links Online Inventory to Real World", The New York Times. 2010.08.23

Tom Ryan, "Macy's, Others Turn Stores Into Online Fulfillment Centers", forbes. com, 2013.04.03

Vanessa Friedman, "Lunch with the FT: Christopher Bailey", The Financial Times, 2013.01.11

WILLIAMS-SONOMA, INC. 2011 Annual Report for meeting of stockholders, 2012.05.24

Part 2 고객서비스 전략 – 쇼핑의 방해요소를 제거하라

배리 슈워츠, 『선택의 심리학』, 웅진지식하우스, 2005

스티븐 로젠바움, 『큐레이션(정보 과잉 시대의 돌파구)』, 명진출판사, 2011

이신영, "마진 15% 넘으면 상품 가격 내린다", 조선일보 Weekly BIZ, 2012.08.18

허브 소렌슨, 『구매를 결정하는 고객의 심리(inside the mind of shopper)』, 멘토르,
        2009

김동범, 『영업성공률 200% 올리는 세일즈 마케팅 비밀』, 중앙경제평론사, 2008.
        08.25

"'Men's Den' lets men hide from Christmas shopping", CBC News, 2011.12.15

"2012 Top 100 Retailers", www.stores.org, 2012.06

Beth Kowitt, "Inside the secret world of Trader Joe's", CNNMoney.com,
        2010.08.23

Iyengar, S. S. & Lepper, M. R., "When Choice is Demotivating: Can One Desire
        Too Much of a Good Thing?", Journal of Personality and Social
        Psychology, 2000

Jon Acuff, "choose to be delightful", jonacuff.com, 2011.04.06

Matthew Dixon, Karen Freeman, and Nicholas Toman, "Stop Trying to Delight
        Your Customers", Harvard Business Review, 2010.06

Michael Beyman(CNBC Associate Producer), "No-Frills Retail Revolution Leads
        to Costco Wholesale Shopping Craze", CNBC, 2012.04.25

stewleonards.com의 프레스룸 자료 중 StewLeonardsFactSheet 참고

Part 3 영업 극대화 전략 – 라인 매니지먼트를 활용하라

구민정, "줄을 세워라, 기다림이 상품가치를 키운다". 동아비즈니스리뷰 96호,

2012.01.01

"Apple stores to ditch Windows EasyPay systems for iPhone tech", appleinsider.
com, 2009.04.10

"Check Out the Future of Shopping", online.wsj.com, 2011.03.18

"Exclusive look at Apple's new iPod touch-based EasyPay checkout",
appleinsider.com, 2009.09.03

"Nordstrom Sees Sales Boost From Mobile POS Devices", forbes.com,
2012.04.06

"Retailers building their own iPod touch, iPad POS systems", appleinsider.
com, 2010.12.02

"Revealed: Retail Stores' Handheld POS Device", ifoapplestore.com,
2010.02.04

"Walmart testing 'Scan & Go' iPhone feature for self-checkout", venturebeat.
com, 2012.08.31

Karen L. Katz & Blaire R. Martin, "Improving customer satisfaction through the
management of perception of waiting", The Sloan School of
Management, MIT, 1989.

Part 4 프로모션 전략 – 쇼루밍족을 공략하라

김남인, "세계 최대 PR그룹 에델만의 CEO 에델만", 조선일보 위클리 비즈,
2012.01.07

"국민 10명 중 8~9명 정치 · 정치인 불신", MBN뉴스, 2011.10.16

"Vending machine offers tea for tweets", bbc.co.uk, 2012.06.21

"Which Smartphone Apps do Savvy Shoppers Use Most", nielsen.com,
2012.08.06(2012년 6월 기간을 대상으로 설문조사 기간 닐슨이 5,000명

이상의 스마트폰 사용자에게 벌인 설문조사 결과)
DDB Brasil 홈페이지|http://ddbbrasil.wordpress.com/2012/11/21/77/

Part 5 매장의 혁신 – '물건'에 '경험'을 더하라

월터 아이작슨, 『스티브잡스』, 민음사. 2011
장지우, "아베크롬비앤피치, 해외 매출 65% 상승", fashiongio.com, 2012.11.07
제프 하우, 『크라우드소싱』, 리더스북, 2012
필립 코틀러, 『마켓3.0』, 타임비즈, 2010
황숙혜, "아베크롬비 실적 '굿' IPO 이후 최대 랠리", newspim.com, 2012.11.15
Benoit Denizet-Lewis, "The man behind Abercrombie & Fitch", salon.com,
      2006.12.24
Books Barnes, "Disney's Retail Plan Is a Theme Park in Its Stores", The New
      York Times, 2009.10.12
Borghini, Stefania, et al., "Why Are Themed Brandstores So Powerful? Retail
Brand Ideology at American Girl Place", Journal of Retailing(xxx, 2009),
      doi:10.1016/j.jretai. 2009.05.03
Carmine Gallo, "How Apple Store Seduces You With the Tilt of Its Laptops",
      forbes.com, 2012.06.14
Cheryl Lu-lien Tan, "The Neuroscience of Retailing", Wall Street Journal,
      2008.05.15
Dawn C. Chmielewski, "Steve Jobs brought his magic to Disney", Los Angeles
      Times, 2011.10.06
Felix Fritsch, "An Education: Changing the Way We Learn", trendpool.com,
      2012.07.06
Jay Greene, "Design Is How It Works: How Smart Companies Turn Products

Into Icons", by arrangement with Portfolio, Penguin
	Group USA, 2010
mbablogger, "성숙산업의 비즈니스 혁신, '코스트코(COSTCO)' 창업자 Jim
	Sinegal 강연", mbablogger.net
Meghan Villhauer, "History of American Girl", agplaythings.com
Robert Stockdill, "Making memories", insideretailing.com.au, 2012.02.24
Robin Lewis & Michael Dart, "The New Rules of Retail: Competing in the
	World's Toughest Marketplace", palgrave macmillan, 2010
Sherri Day, "F.A.O. Schwarz Closes, Disappointing Visitors", The New York
	Times, 2004.01.27
Stephanie Clifford, "Pressed From All Sides, Toys 'R' Us Fights to Reinvent Itself",
	The New York Times, 2012.04.06
Tara Parker-pope, "This Is Your Brain at the Mall: Why Shopping Makes You
	Feel So Good", Wall Street Journal, 2005.12.06
Wikipedia-lululemon athletica, FAO Schwarz, American Girl
americangirl.com
apple.com
lululemon.com
rei.com

Part 6 리테일 마케팅 영감 불어넣기

이영완, "슬로 쇼핑, 지갑 여는 효과 커", 조선비즈, 2011.08.04
Jim Brooks, "Supermarket dietitians help consumers in healthy choices", fapc.
	biz, 2012.12.13
London School of Economics and Political Science(Mohamed Khairul Anwar,
	Alisa Brem, Michael Javorski, Ko-Ching Lin), "Development

processes", www2.lse.ac.uk/LSECities/citiesProgramme/pdf/Inner%20 Edge/chapter_2.pdf. 2009.07.07

Michel T. Pham(Columbia University), Iris W. Hung(National University of Singapore), Gerald J. Gorn(Economics, the University of Hong Kong, Hong Kong), "Relaxation Increases Monetary Valuations", Journal of Marketing Research, 2011

Schultz, E. J., "The Next Big Marketing Weapon For Supermarkets-The Dietitian", Advertising Age, 2013.04.14

Stephanie Strom, "Employing Dietitians Pays Off for Supermarkets", The New York Times, 2012.08.24

The Lord Mayor of London, Michael Bear, "Spitalfields: Opportunity Through Regeneration", 2011.07

loweopen.com/our-work/big-c-fireworks

김숙희

—

상명대학교 실내디자인학과를 졸업한 후, 런던의 첼시 칼리지 오브 아트 앤 디자인
(Chelsea College of Art & Design)에서 Interior & Spatial design 석사 과정을 이수하였다.
런던 유학 시, 포토벨로 마켓, 캠던 타운 마켓, 올드 스피탈필즈 마켓에서 한국 의류
를 직접 판매해 용돈을 벌면서, 어떻게 상품을 디스플레이하는지, 어떻게 판매공간
을 레이아웃하는지, 어떻게 고객에게 다가가야 하는지 등과 같은 리테일 마케팅에
대해 자연스러운 호기심을 키우게 된다. 그렇게 런던 패션 스트리트의 환상적인 윈
도우 디스플레이에 매료된 채 한국으로 돌아와 롯데백화점 디자인실에서의 윈도우
디스플레이 기획을 시작으로, 디자이너 브랜드 폴 스미스와 아디다스 리테일 마케팅
부서에서 VMD 및 다양한 리테일 마케팅 프로젝트, 해외 컨설팅 작업의 코디네이팅
업무를 수행해 왔다.
이제는 리테일 전문가로서, 비대해진 온라인 시장에 밀려 설 자리를 잃고 쓰러져 가
는 오프라인 매장에 새 숨을 불어넣고자 한다.